PUBLICATION DE LA RÉUNION DES OFFICIERS

ITALICÆ RES

PAR LE COLONEL VON HAYMERLÉ

de l'État-major austro-hongrois

TRADUIT ET ANNOTÉ

PAR

J. BORNECQUE

Capitaine au 1ᵉʳ régiment du génie, Officier d'Académie

PARIS

LIBRAIRIE MILITAIRE DE J. DUMAINE

ÉDITEUR

30, RUE ET PASSAGE DAUPHINE, 30

—

1880

ITALICÆ RES

Extrait de la *Revue autrichienne de Streffleur*.

2310 — PARIS, IMPRIMERIE LALOUX Fils et GUILLOT

rue des Canettes, 7

PUBLICATION DE LA RÉUNION DES OFFICIERS

ITALICÆ RES

PAR LE COLONEL VON HAYMERLÉ,

de l'État major austro-hongrois.

TRADUIT ET ANNOTÉ

PAR

J. BORNECQUE

Capitaine au 1er régiment du génie, Officier d'Académie.

PARIS

LIBRAIRIE MILITAIRE DE J. DUMAINE

ÉDITEUR

30, RUE ET PASSAGE DAUPHINE, 30

—

1880

TABLE DES MATIÈRES

2310   Paris. Imp. Laloux fils et Guillot, 7, rue des Canettes.

PRÉFACE DU TRADUCTEUR

La *Revue de Streffleur*, cette excellente publication militaire autrichienne, bien connue des lecteurs du *Bulletin*, a publié dans son numéro du mois d'août et sous le titre ci-dessus une étude d'ensemble sur la situation actuelle de l'Italie, au point de vue militaire et politique. Ce travail a eu un retentissement considérable, tous les journaux, militaires ou non, en ont parlé ou même donné des extraits, mais nous n'avons trouvé nulle part jusqu'à présent la traduction complète de l'œuvre.

Il nous a semblé que quand une publication traitant de questions militaires arrive à une notoriété aussi grande, quelles qu'en soient les raisons, il serait utile de pouvoir juger en connaissance de cause le sujet traité, en même temps que la valeur de l'ouvrage, et pour cela qu'il fallait en permettre à tous la lecture en en donnant la traduction. C'est ce que nous essayons de faire aujourd'hui.

Auparavant qu'il nous soit permis d'entrer dans quelques explications préalables. Par sa situation d'attaché militaire autrichien en Italie, le colonel von Haymerlé a été à même de voir les choses dont il parle, mais il ne faut s'attendre à trouver dans son ouvrage ni révélations indiscrètes, ni manifeste officieux, ni intentions cachées. Les détails dans lesquels il entre sur l'armée et les forces défensives de l'Italie n'ont rien de secret, et comme il le dit lui-même, rien qui ne fût accessible à d'autres qu'à lui.

Au point de vue militaire, l'exposé des institutions militaires et des forces maritimes de l'Italie peut se retrouver dans tous les cours qui traitent de l'organisation des armées, et notamment dans la *Revue militaire de l'étranger*. Ce qui rend cet exposé particulièrement intéressant, c'est qu'il résume d'une façon très claire et fort intelligente les divers éléments de la question d'organisation et surtout de mobilisation de l'armée italienne. Nous ferons en sorte d'ailleurs de compléter cette partie dans ce qu'elle aura de trop vague ou de trop général.

Quant au point de vue politique, on comprend la réserve qui est imposée au *Bulletin* sur ce terrain brûlant. Aussi, bien que dans ce domaine encore l'auteur ait fait preuve de la plus grande modération et ne donne pas le plus petit renseignement diplomatique inédit, nous ne le suivrons pas toujours dans tous les développements qu'il a donnés à cette partie. Certains passages, qui ne présentent d'ailleurs qu'un intérêt secondaire pour des lecteurs français, ont été supprimés ou analysés. tandis que les autres ont été reproduits textuellement, sans commentaires.

Cela dit, nous laissons la parole à l'auteur.

PRÉFACE DE L'AUTEUR

Le travail que nous publions aujourd'hui est le fruit d'une expérience qu'un séjour de plus de cinq années à Rome nous a permis d'acquérir, dans notre position officielle.

Assurer que l'on n'est pas officieux est le plus sûr moyen de passer pour tel ; pourtant nous affirmons de la manière la plus formelle que, pas plus quant à la forme qu'au fond, cette étude n'est due à personne d'autre qu'à nous.

Notre situation d'attaché militaire nous impose naturellement une grande réserve, surtout sous le rapport des questions militaires. Le lecteur qui, par suite, trouverait dans ces questions des lacunes ou des incorrections, devra comprendre que cette publication ne renferme que ce qui est accessible à tous et ce que savent tous ceux qui suivent avec attention et intelligence la vie parlementaire et militaire en Italie.

En ce qui concerne la partie politique, nous croyons aussi, bien que sans mandat, avoir exprimé l'opinion de tous nos compatriotes.

ITALICÆ RES

« Amicus Plato, magis amica veritas. »

Pendant de longs siècles, Rome fut la première puissance de l'univers. Ses légions victorieuses avaient soumis les nations des trois parties du monde connu, fait plier sous le joug des peuples libres, imposé ses lois, ses mœurs, sa religion, son organisation civile et militaire à la plupart des autres peuples, jusqu'à ce qu'enfin, subissant la loi commune, l'empire romain s'écroula sous le poids de ses dissensions intestines.

Rome, qui à son origine pouvait se glorifier de posséder toutes les vertus, ainsi qu'une bonne direction d'ensemble et une volonté énergique, arriva à se modifier complètement. Sobriété, mœurs austères, caractère intègre et probe, respect des lois et bravoure héroïque : toutes ces précieuses qualités firent place, dans les dernières périodes, aux défauts opposés : débordements sans frein, mépris des lois, rapacité, soif de sang, lâcheté et amollissement des caractères, Dans ces conditions, la gloire de la dominatrice universelle se ternit peu à peu ; l'audace et la force lui firent défaut. La division fatale du colosse, qui n'était plus soumis à une impulsion unique, augmenta la faiblesse politique et enleva finalement à Rome l'empire du monde. Toute l'organisation de l'État sombra : les mœurs et les lois romaines disparurent, la langue elle-même se transforma, et au moment où succomba l'empire d'Occident, commença l'histoire d'un nouveau groupe d'États, l'Italie actuelle.

Il est d'ailleurs impossible de se rendre exactement compte des conditions dans lesquelles se trouve ce pays sans examiner sa situation et sa configuration générale. Limitée au nord par les Alpes couvertes de neiges éternelles, qui la relient en même temps au continent européen, l'Italie s'avance au loin dans la Méditerranée par la chaîne des Apennins, qui, après avoir couru du nord au sud, s'étend jusqu'en Sicile par des rameaux sous-marins. Le sol italien affecte les formes les plus variées, les contrastes les plus frappants : la plus luxuriante végétation côtoie des pays arides et désolés ; des montagnes rocheuses, nues et impraticables longent des régions parfaitement cultivées et sillonnées de voies de communication. Les plaines fertiles de la Lombardie ; la vallée du Pô avec ses rivières s'étendant à perte de vue ; le charme grandiose de la campagne romaine, morne et déserte ; les sites riants de la campagne Felice, aux environs de Naples ; les Maremmes, les marais Pontins des côtes Tyrrhéniennes et les rivières scintillant dans les ravins des montagnes du sud, ce sont là autant de contrastes aussi frappants que la transition brusque d'une montagne dont le sommet se perd dans les nuages, à un pays de collines peu mouvementées et bien cultivées.

Ces différences territoriales et naturellement climatériques ne peuvent manquer d'exercer une influence décisive sur les habitants et sur leurs aptitudes. Il est évident que leurs mœurs, leurs occupations, leur développement physique et intellectuel, leurs qualités morales, leurs rapports avec le reste du monde et leur degré de civilisation, en un mot tout leur développement historique repose presque entièrement sur les variations des conditions topographiques du pays. Mais l'importance de l'Italie, au point de vue historique en général, est due à sa situation maritime, en vertu de laquelle, semblable à la lumière projetée par un phare, elle peut exercer son action en Europe sur toutes les nations situées au delà des mers qui la baignent. Ainsi, les colonies grec-ques ayant cherché à se fixer sur les côtes, leur prise de possession les mit en conflit avec la race latine, qui avait acquis le sentiment de sa force ; Rome enfin fut obligée d'avoir une flotte pour être en mesure de repousser les en-treprises de Carthage, et c'est de cette époque que data pour Rome la domination universelle. De même, l'Italie actuelle ne peut chercher sa grandeur future qu'au delà des limites du continent européen, en exerçant une action à la fois politique et commerciale sur les peuples des côtes éloignées des régions transocéaniennes, auxquels elle apporterait les bienfaits de la civilisation. Or ce rôle, qui repose essentiel-lement sur une bonne situation maritime, peut convenir parfaitement à l'Italie, qui est entourée de grandes mers presque de tous côtés.

Est-il besoin de rappeler qu'aucun pays n'a un passé aussi illustre que l'Italie ! Son sol, jonché des débris de son an-tique splendeur et d'une haute valeur classique, est en outre disposé naturellement de manière à en former un État in-dépendant ; les souvenirs historiques de la gloire de sa race sont toujours vivants et contribuent à la relever ; la nature l'a comblée de tous ses dons ; les produits naturels du sol sont d'une profusion incomparable ; son climat béni réchauffe et

illumine tout de la lumière et des couleurs éclatantes du so-
leil du Midi; la mer l'environne presque de toutes parts : on
peut donc en conclure que les dons naturels qui ont été pro-
digués à ce pays privilégié suffisent à eux seuls pour lui assurer un développement normal exceptionnel. Il faut ajouter à cela la grande facilité d'assimilation de la nation, qui a
pu puiser des aspirations et des traditions élevées dans l'histoire et l'exemple d'une longue suite de siècles. On peut
même dire qu'une éducation populaire dans le vrai sens du
mot, basée sur le souvenir continuel et le contact intellectuel de ce brillant passé, aurait pu faire de l'Italie la première nation du monde, dans des conditions si exception-
nellement favorables. Si l'Italie n'a pu atteindre cet idéal, il
faut avant tout en attribuer la faute aux conditions politiques de la Péninsule qui, en raison des diversités si tran-
chées du caractère des différentes races, n'ont pas permis d'obtenir d'une manière satisfaisante le développement des qualités voulues pour arriver à ce résultat élevé. Ce n'est pas
que l'Italien manque de suite dans les idées, de profondeur
de vues, de persévérance, de vigueur, d'indépendance et
d'élasticité d'esprit ; il possède au contraire quelques-unes
de ces qualités au plus haut degré et, en général, il est très
bien partagé sous ce rapport. Mais ce qui fait défaut à ce
caractère si mobile et si prompt à s'enflammer, c'est le sérieux, le calme, la réflexion, l'examen froid des conséquences
de ses actes, qualités qui sont le propre des pays froids. Personne n'est complet : il manque au Méridional ce qui a été
donné à l'homme du Nord, et réciproquement.

Mais dans la limite des qualités communes, l'Italien du
nord se distingue très sensiblement de son compatriote du
midi, évidemment par suite des conditions géographiques tout
opposées et des influences climatériques qui en sont la conséquence. Le premier a absolument le même caractère que ses

voisins transalpins, et malgré les vicissitudes des temps, des villes comme Gênes, Pise, Florence, Venise purent arriver à un haut degré de prospérité et de civilisation, grâce à la façon de voir et d'agir toute positive de l'Italien du nord. L'Italien du sud, au contraire, trop brillamment doué sous le rapport de l'imagination, n'est pas parvenu à se créer des institutions durables à la suite de combats soutenus sans interruption, moins par ambition que par besoin de liberté individuelle.

Jusqu'à ces derniers temps, l'Italie était un groupe de petits États dont les parties, plus ou moins importantes, ne pouvaient posséder la force voulue pour occuper dans le monde politique et dans l'histoire contemporaine la place qui est réservée uniquement aux grandes puissances, dont la cohésion politique est solidement établie. Évidemment quelques républiques ou États italiens arrivèrent à jouer un certain rôle, plusieurs même s'élevèrent au premier rang par les talents ou les hauts faits de certains personnages illustres qui les commandaient ou les dirigeaient; mais les divisions intestines, les rivalités de parti, la tyrannie et l'anarchie mirent obtacle à la continuation des résultats obtenus et firent sombrer la prospérité publique. Les intérêts particuliers opposèrent souvent des entraves au progrès et au commerce, et le bien général souffrit des perturbations qui en furent la conséquence. Dans ces conditions, il n'était pas possible à l'Italie d'arriver à l'unité politique; ses races si diverses ne se fusionnaient pas, de sorte que le peu d'union que laissaient subsister les querelles intérieures et les luttes des partis fut complètement détruit par l'influence qui venait de l'extérieur. Aussi pendant plus de dix siècles, le sol de l'Italie servit-il d'arène aux tendances particularistes.

En un mot, les dissensions intestines soigneusement entretenues par les étrangers empêchèrent pendant longtemps l'unité de l'Italie, à laquelle se prêtait si bien la configuration du territoire. Au début, les peuplades barbares amenées par les migrations des peuples, Germains, Goths et Lombards, pillant et dévastant tout sur leur passage, franchirent les Alpes et devinrent pendant un certain temps les maîtres du pays. Puis, pendant plusieurs siècles, la France et l'Allemagne se disputèrent le sol italien. En dernier lieu survint la rivalité de la France et de l'Autriche, et la question des États de l'Église engagea les esprits dans une fausse voie. Ces diverses causes amenèrent des combats incessants, qui entravèrent le développement normal des nations qui y étaient engagées. Et pourtant, au milieu de ces calamités, l'agriculture, le commerce, l'industrie ne cessent de progresser, les sciences et les arts sont en grand honneur dans toutes les classes de la société, la littérature prend un brillant essor.

L'art italien naquit tout naturellement sur ce sol et se développa en imitant l'ancien art grec et romain. Des monuments, dont une partie servait à des buts pratiques et l'autre partie avait été élevée uniquement pour le triomphe de l'idée de la beauté, décorèrent les villes italiennes et furent la preuve palpable de la diffusion de l'art dans ce pays. L'imagination, toujours animée du sentiment du beau, se donna libre carrière et, se renouvelant sans cesse, créa dans l'architecture, la plastique, la peinture et la mosaïque des œuvres pleines de grandeur et d'un charme exquis. L'architecture surtout brilla d'un éclat particulier et trouva ce style qui a fait époque et qui compte encore aujourd'hui de nombreux partisans.

Qui n'a payé son juste tribut d'admiration aux œuvres si remarquables de l'école de peinture italienne! Les églises, les palais et les monuments publics en sont décorés et transforment ainsi le pays en un vaste musée élevé à l'art national.

Il ne faut pas non plus perdre de vue que l'Italie a cultivé les sciences avec honneur, qu'elle a apporté largement sa part dans les recherches et les découvertes intellectuelles, qu'elle a produit des œuvres littéraires d'une beauté incomparable et qu'elle a donné le jour à des poètes et à des musiciens immortels.

Quand enfin nous aurons cité le développement continuel des arts industriels et des produits locaux, qui dans certaines branches, sont arrivés à un point qui ne peut être dépassé, les entreprises commerciales, les établissements officiels et privés créés pour élever le niveau de l'instruction et de la civilisation, nous aurons esquissé à grands traits tout ce qui peut être dit en faveur de l'Italie.

Ce qui uniquement a manqué à cette nation si intelligente et si éclairée, pour avoir une existence indépendante et satisfaisante, c'est son unité politique et sa consolidation comme État, auxquelles elle arriva plutôt à la faveur des circonstances qu'à la suite des lourds sacrifices qu'elle s'imposa et des combats sanglants qu'elle livra continuellement avec une persévérance inébranlable.

Les évènements des années 1859 et 1866, qui eurent une si grande importance surtout pour l'Autriche, procurèrent enfin au peuple italien l'unité qu'il convoitait si ardemment. L'Italie était donc devenu un État unique, une grande puissance, grâce surtout à l'initiative prévoyante de Cavour, un des plus grands hommes d'État qu'ait produits notre siècle.

Les luttes ardentes qui ont si longtemps divisé l'Autriche et l'Italie sont maintenant à peu près oubliées des deux côtés. Ni politiquement ni militairement, les deux États voisins, qui entretiennent actuellement des relations si amicales, ne doivent plus se porter de coups réciproques. Il n'y a plus qu'une lutte possible entre eux, celle du progrès et du bien-être général.

Telle doit être, à notre avis, désormais l'attitude des deux nations à l'égard l'une de l'autre. Nous espérons et nous désirons qu'elle soit aussi sincère et consciencieuse au sud des Alpes qu'elle l'est au nord. La Péninsule ne doit redouter ni arrière-pensée ni esprit de revanche de la part de l'Autriche, où il ne règne à son égard que des sentiments de bienveillance très réelle.

La grande majorité du peuple italien est certainement animée des mêmes intentions. Son bon sens naturel et ses intérêts bien entendus lui ont appris que le travail pacifique devait succéder aux excitations de la lutte, et que la charrue, l'outil, le ciseau du travailleur, devaient remplacer l'épée, — qu'il ne faut pas exposer à de nouveaux assauts l'édifice élevé au prix de si grands sacrifices, mais le consolider dans ses fondements et dans ses diverses parties.

Mais il y a malheureusement dans la Péninsule un parti remuant, incorrigible qui ne peut s'habituer à jouir tranquillement des avantages si chèrement acquis. Sous la bannière des nationalités, sous le prétexte de donner au pays ses frontières naturelles, il veut attirer sur sa patrie de nouveaux orages et l'entraîner dans de nouvelles complications. Il cherche à persuader à l'esprit si mobile de la nation que l'honneur de l'Italie n'est pas intact, que son existence politique n'est pas assurée, tant qu'il reste une parcelle de territoire où l'on parle italien au pouvoir de gouvernements étrangers et que les frontières du pays ne sont pas poussées jusqu'aux crêtes des Alpes rhétiques et juliennes.

Ce programme politique comprend l'annexion de Malte, la Corse, Nice, le Tessin, le Tyrol méridional, Gœrz, Trieste, l'Istrie, voire même la Dalmatie. Pour qui connaît ces velléités et leur degré de force, il est évident qu'actuellement les revendications ne vont pas au delà des portions de territoire qui font partie de l'empire austro-hongrois, et que l'annexion « des autres pays italiens sous le joug de l'étranger » n'est en ce moment indiquée que pour la forme, pour rester conséquent avec le principe posé.

L'agitation que créa en Europe la dernière guerre d'Orient, ainsi que les épisodes de la révolution qui avait précédé cette guerre, furent particulièrement agréables au parti de l'agitation; aucune époque n'eût paru mieux choisie pour rompre la paix, pourtant si vivement désirée par les deux nations, et scellée solennellement et loyalement dans une entrevue de leurs deux souverains. Aussi, pour ranimer les motifs de discorde si heureusement écartés, tous les ressorts furent-ils mis en mouvement. La presse fut chauffée à blanc, le droit de réunion et de rassemblement fut poussé au delà des limites de la loi, et partout on prêcha la haine et l'hostilité contre l'empire limitrophe. D'après les agitateurs, les frères italiens encore sous « le joug autrichien » avaient été pris contrairement au droit des gens; ils étaient maltraités, martyrisés, mis aux fers, bref un vrai pendant à la fable ridicule inventée par les cléricaux au sujet de la prétendue captivité du pape. Aucune injure ne fut ménagée au gouvernement autrichien, qui fut désigné comme le bourreau du peuple, stigmatisé comme un tyran sanguinaire, signalé à l'exécration de l'histoire comme le fléau du genre humain, etc. Il serait difficile de reproduire, même approximativement, les aménités nationales et internationales qui furent alors exprimées. Et enfin, lorsque les évènements politiques survenus en Orient eurent forcé l'Autriche à occuper la Bosnie et l'Herzégovine, tous les éléments furent déchaînés. Dans la presse et les réunions publiques, l'agitation en arriva à faire un vrai appel aux armes contre l'Autriche, à oublier les lois de l'hospitalité envers le représentant de cette puissance.

Mais nous ne voulons pas nous attarder davantage à la description de ce tableau peu agréable, quoique nécessaire pour l'intelligence de notre travail. Ce serait perdre son temps que de chercher à convertir les agitateurs ; aussi, nous nous proposons simplement de faire tous nos efforts pour écarter toutes les causes de mésintelligence et de malentendus que l'on cherche à exploiter dans la partie raisonnable de la population italienne. Pour cela, nous lui expliquerons d'une manière claire et précise l'inanité des raisons que, sous la forme trompeuse d'une initiative patriotique, on a alléguées pour semer la haine et l'inimitié dans les relations de deux États, que les nécessités politiques et des sympathies personnelles forcent pour ainsi dire à vivre en bonne intelligence,

L'Italie, car il ne faut pas oublier que le parti de l'action a la prétention de parler et d'agir au nom de l'Italie entière, l'Italie, disons-nous, revendique les parties italiennes de l'Autriche :

1° En invoquant le principe des nationalités ;

2° Parce qu'elle en a besoin pour ses frontières naturelles ;

3° Parce qu'en 1866 Garibaldi a réellement conquis le Tyrol méridional ;

4° Pour délivrer le Trentin et le Triestin de la tyrannie et de l'esclavage de l'Autriche ;

5° Pour obtenir une compensation de l'accroissement de puissance qu'a procuré à l'Autriche l'occupation de la Bosnie et de l'Herzégovine.

1. *Le principe des nationalités.*

Le colonel von Haymerlé entre dans une longue discussion pour chercher à démontrer que le principe des nationalités ne constitue ni un point de droit public européen ni un droit sacré des peuples résultant de traditions historiques, mais surtout que ce principe n'a rien d'absolu. Nous ne reproduirons pas les arguments employés pour prouver l'inanité des raisons invoquées par les Italiens, leur manque de logique, d'abord parce que cette querelle entre les Autrichiens et les Italiens n'a pour des lecteurs français qu'un médiocre intérêt fort indirect, ensuite parce que cette dissertation, quoique très modérée quant au fond et à la forme, rentre trop dans le domaine politique pour que le *Bulletin* suive l'auteur sur ce terrain.

Nous dirons même plus; il n'était peut-être pas nécessaire d'insister longuement pour arriver à prouver que le principe des nationalités n'a joué qu'un rôle bien secondaire dans le mouvement intellectuel de l'humanité, que la civilisation s'est développée sans et malgré ce principe. Il est évident qu'un homme sérieux ne peut songer à ériger ce principe en règle du droit des gens; car pour être conséquent avec une pareille théorie, il n'est pas une puissance en Europe qui ne fût obligée de se soumettre à une refonte; il faudrait refaire la carte de l'Europe !

2. *Les frontières naturelles.*

L'Italie a, à peu de chose près, une frontière naturelle du côté de la France, mais elle n'en a point contre l'Autriche. Au dire des Italiens, cette dernière frontière est actuellement si mauvaise au point de vue militaire, que la sécurité de l'État exige impérieusement une rectification. Il suffira d'examiner d'un peu près l'état des frontières de l'Italie pour se rendre compte qu'elles sont loin d'être aussi défavorables qu'on veut bien le dire.

Le Tyrol méridional, dit-on, est comme un coin enfoncé au cœur de l'Italie; une armée qui serait concentrée dans cette province pourrait pénétrer par huit routes dans les plaines lombardo-vénitiennes et prendre en flanc et à dos les forces italiennes qui y seraient postées. Les routes qui

débouchent du Pusterthal, en traversant la Piave et le
Tagliamento à Conegliano et à Udine, constituent une menace du même genre. Mais en admettant que l'on puisse
utiliser les bonnes positions des montagnes locales pour
protéger ces routes par quelques dispositions défensives, la
frontière à l'ouest, de l'Isonzo à Indrio, serait complètement
ouverte, de sorte que le premier déploiement stratégique de
l'armée devrait se faire entièrement à découvert, tandis que
l'armée autrichienne, couverte par l'Isonzo et les montagnes
en arrière, pourrait exécuter son déploiement sans crainte
d'être attaquée, et déboucher impunément dans les plaines
qui s'ouvrent devant elle.

En faisant valoir ce danger d'une marche en avant en
pointe partant du Tyrol méridional, danger qui d'ailleurs,
ainsi que nous l'exposerons plus tard, trouve largement une
compensation dans le danger d'une pointe dans le nord de la
Vénétie contre les provinces autrichiennes, on émet tout
simplement une opinion peu sérieuse. Avant tout, il y a lieu
de remarquer que le Tyrol est dépourvu de ressources, de
communications et surtout d'une vallée suffisamment spacieuse pour recevoir une grande armée, laquelle pour le cas
qui nous occupe ne peut pas être inférieure à 80.000 hommes.
De plus, les huit routes dont il est question sont réparties
sur une étendue qui va jusqu'à 500 kilomètres des frontières,
à partir de celle qui est située le plus à l'ouest et qui conduirait à Milan un corps d'armée ayant à traverser le col de
Stilfser, jusqu'à celle qui se trouve le plus à l'est et qui permettrait de déboucher par Pontebba à Udine. Mais quelle action pourrait bien avoir cette armée partagée en dix colonnes ?
Quand devrait-elle attaquer ? à quel moment mettrait-elle
l'Italie en péril ? Probablement que pour des profanes, qui
acceptent comme paroles d'Évangile tout ce qu'on leur raconte, 80.000 hommes qui font irruption dans le pays par

dix routes différentes, c'est-à-dire dans toutes les directions, sont plus à craindre que s'ils y pénétraient par une seule route.

En examinant cette frontière au point de vue autrichien, le tableau est bien changé. Le Tyrol méridional est enclavé de trois côtés dans les possessions italiennes ; huit route s excellentes y conduisent directement de l'Italie, et deux autres permettent de le tourner par le Pusterthal. Trente, le point stratégique le plus important de l'occupation, duquel dépend la possession du pays, est exposé à une attaque enveloppante des colonnes ennemies, qui peuvent marcher concentriquement contre cette place. Le territoire vénitien s'avance comme un coin dans les possessions autrichiennes par les routes partant des baies du cours supérieur de la Piave et du Tagliamento ; il arrive à être un voisinage dangereux pour les routes et voies ferrées partant du Pusterthal, lesquelles constituent les lignes d'opération du Tyrol avec l'intérieur de la monarchie et les lignes militaires de retraite pour la défense.

Voici donc la vérité : la facilité avec laquelle on pourrait mettre en état de défense les montagnes locales, traversées par les dix routes mentionnées, est très grande sur toute la ligne et égale pour les deux adversaires, bien que quelques passages des hauteurs soient sur le territoire autrichien, car c'est une erreur de croire que la possession de ces passages est décisive pour la défense. En effet, ces passages sont souvent très larges (précisément, par exemple, la passe de Tonal) et par suite très difficiles à fortifier, très incommodes à défendre. Ils sont même beaucoup moins avantageux que bien des points situés plus en arrière, où les pentes de la vallée se réunissent pour former un col, qui peut être barré par un fort d'arrêt et facilement défendu par une centaine d'hommes. D'ailleurs le Parlement italien a dès 1875 décidé de barrer toutes ces routes par des ouvrages permanents, pour lesquels on a désigné Piano delle Fugazze (le val d'Arsa), Primolino (le val de Sugana), (Castel Livazzo) la vallée de la Piave) et Ospedaletto (la vallée supérieure du Tagliamento), c'est-à-dire précisément les points les plus favorables pour une fortification. Ces points sont situés sur les routes qui ont une importance réelle pour une armée concentrée dans la Vénétie, tandis que les forts de Ceraino-Rivoli et de Rocca d'Anfo, déjà existant dans la vallée de l'Etsch et de la Chiese n'ont besoin que de quelques modifications ou agrandissements. Il n'existe donc aucune espèce de difficulté qui s'oppose à ce que le débouché du Tyrol soit protégé par des fortifications, et personne ne pourra nier que la solution du problème de la fortification serait beaucoup plus compliquée et beaucoup plus coûteuse pour l'Italie si elle possédait le Tyrol méridional et que ses frontières fussent poussées jusqu'à la crête des Alpes rhétiques et juliennes.

Il ne faut pas perdre de vue non plus l'importance qu'ont les circonstances à la guerre. Les premiers combats entre les deux armées auront lieu entre l'Etsch et le Tagliamento et dès les premières phases de la guerre. Mais des forts de montagne bien construits et bien défendus peuvent tenir des mois entiers ; or, quelle que soit l'issue des premières rencontres, il n'est pas possible d'inquiéter ou de prendre en flanc et à revers par ces routes l'armée italienne pendant cette première période de la guerre. Evidemment plus tard, si l'armée autrichienne s'avançait sur le Pô ou l'armée italienne sur l'Isonzo, les opérations secondaires basées sur le Tyrol méridional et le Pusterthal, passeraient au second plan.

Par conséquent, le prétendu danger n'existe que pour ceux à qui l'on a fait accroire que la possession du Tyrol méridional par l'Autriche constitue une menace permanente pour l'Italie. Il suffirait d'ailleurs de jeter un coup d'œil sur la carte pour comprendre que la pointe que forme la **Vénétie** septentrionale dans l'Autriche est bien autrement périlleuse pour celle-ci que le fait analogue du Tyrol méridional ne l'est pour l'Italie. En effet, la frontière italienne côtoie, sur une longue étendue traversée par plusieurs routes excellentes, presque directement la principale ligne de retraite des Autrichiens dans le Pusterthal, tandis que la pointe avancée que forme le Tyrol (sans parler des places fortes de Vérone et de Peschiera, placées en avant) demeure complètement en dehors de toute communication militaire importante de l'armée italienne.

Mais pour éviter que ce tableau si simple et si intelligible ne puisse être taxé d'exagération ni passer pour un plaidoyer *pro domo,* nous allons citer à l'appui le jugement d'un Italien compétent.

Le major Perruchetti, professeur de géographie militaire à l'École de guerre de Turin, dont par conséquent la compétence en pareille matière ne peut être contestée, dans une brochure intitulée « *Il Tirolo, saggio di geografia militare,* » arrive à conclure que la possession du Tyrol méridional n'a aucune valeur militaire positive pour l'Autriche, pour laquelle elle constituerait au contraire un point faible, et il termine par ces mots, que nous reproduisons textuellement :

« Arrivé à la fin de notre étude et pour résumer notre impression, nous croyons pouvoir poser quelques conclusions qui ne sont rien moins que favorables :

« 1º Les conditions désavantageuses que créerait l'adjonction du Tyrol méridional au reste de la monarchie autrichienne rendrait plus lente et plus difficile la concentration des forces militaires de cette puissance dans le Trentin.

« 2º La configuration particulière et les conditions locales des lignes d'opérations correspondant à cette position avancée empêcheraient d'en déboucher avec la force et la célérité nécessaires.

« 3° L'Italie, prenant l'offensive, arriverait facilement à séparer le Tyrol méridional de l'empire austro-hongrois, mais sans être en mesure de s'avancer davantage vers le nord-est dans les provinces inférieures de l'Autriche.

« 4° Dans le cas d'une guerre générale, l'Autriche ne pourrait maintenir et utiliser le Tyrol septentrional qu'avec le secours de l'Italie, parce que cette province occupe une position excentrique par rapport à l'Autriche. »

Cette démonstration claire et précise de la parfaite innocuité qu'a pour les opérations de l'armée italienne la possession du Tyrol méridional par l'Autriche nous paraît sans réplique. Nous devons ajouter encore que le Tyrol septentrional ou transalpin, s'il n'est adjoint au Tyrol méridional, ne constitue une position tenable ni au point de vue politique et administratif, ni au point de vue militaire. Notre avis ne diffère de celui du major italien qu'en un seul point, c'est lorsqu'il affirme que le meilleur moyen pour nous de tirer parti du Tyrol, en cas de guerre générale, serait d'en confier la défense à l'Italie.

La question des frontières de l'Isonzo est exactement semblable à celle des frontières du Tyrol méridional. En effet, si d'une part, la mobilisation de l'Autriche peut être moins facilement entravée que celle de l'Italie, à cause des régions montagneuses qui bordent la rive gauche de l'Isonzo, d'autre part, la concentration de l'armée autrichienne, qui devrait avoir lieu dans un pays de montagnes presque dénué de ressources et de communications, serait bien plus difficile que celle de l'armée italienne, qui s'effectuerait dans la région ouverte, riche et pourvue de routes, située entre l'Etsch et le Tagliamento, région si favorable à ce point de vue qu'il serait difficile d'en trouver une meilleure. Si l'on pèse donc impartialement les avantages et les inconvénients réciproques de cette situation, on voit que cette revendication des frontières naturelles n'est pas exempte d'exagération.

Personne n'ignore qu'une armée, même avec le meilleur système de mobilisation, ne peut être concentrée sur les frontières de l'adversaire en deux, quatre ni même six jours et, abstraction faite de quelques incursions de partisans, n'est pas prête à prendre l'offensive au bout d'un temps si court. Pour le cas que nous discutons, le fait est d'autant plus palpable que le point de concentration de l'armée autrichienne est essentiellement limité par l'Isonzo et les montagnes qui viennent aboutir à ce cours d'eau. Or, d'après les instructions données pour la mobilisation de l'armée italienne et d'après sa répartition du temps de paix, il est facile de voir que les corps d'armée de Bologne et de Vérone peuvent dans huit à dix jours être prêts à prendre l'offensive (sans avoir, il est vrai, le complet du pied de guerre) dans l'intervalle compris entre le Tagliamento et la Piave, et que les corps d'armée de Milan et de Plaisance peuvent suivre les premiers dans moins de temps encore. Dans ces conditions, le danger d'envahir le pays jusqu'à l'Etsch pendant la période de mobilisation n'est-il pas bien invraisemblable, et n'est-ce pas là un conte inventé à plaisir pour donner le change au public? Ce danger est d'autant plus chimérique que le Tagliamento, la Livenza, la Piave, le Sile, la Brenta, bien que n'étant pas des lignes de défense stratégiques tenables longtemps, sont néanmoins assez importants pour assurer un appui parfaitement suffisant aux deux premiers corps d'armée qui se seraient portés en première ligne pour couvrir la concentration.

Comme précédemment, nous voulons faire étayer notre manière de voir sur l'opinion d'un homme dont personne ne peut nier la compétence. Le chef d'état-major général de l'armée italienne, le général Bertoli-Viale, rapporteur, à la Chambre des députés, du projet de loi concernant la fortification du royaume, dit textuellement ce qui suit:

« Le territoire compris entre l'Adige et l'Isonzo offre à l'armée nationale une succession de lignes de défense naturelles très favorables et très faciles à renforcer à l'aide de la fortification improvisée; l'essentiel serait d'être protégé contre les attaques de flanc, et des forts d'arrêt pourraient assurer ce résultat. »

Il est donc complètement impossible de comprendre comment, dans de telles conditions, la concentration de l'armée italienne peut être exposée à un danger quelconque. En effet, en admettant même que deux corps d'armée autrichiens soient prêts à passer l'Isonzo dans les huit ou dix jours qui suivront une déclaration de guerre, il est hors de doute que les deux corps d'armée italiens les plus avancés, après avoir poussé toute leur cavalerie jusqu'à l'Isonzo, ce qui forcera l'adversaire à une attitude très prudente, sans parler des difficultés que la petite forteresse de Palmanuova et la solide place d'Udine opposeraient, il est certain, disons-nous, que ces deux corps d'armée parviendront à couvrir et à maintenir facilement le Tagliamento dans le temps donné, pour peu que l'on ait construit des têtes de ponts passagères pour protéger les ponts de Latisina et de Ponte delle Delizie. En outre, à partir de son embouchure jusqu'à Bolzano-Madrisio, le Tagliamento ne possède aucun pont et, par suite, ne peut-être franchi sans des préparatifs assez longs; enfin, l'espace s'étendant de là en remontant jusqu'aux montagnes, et dans lequel il serait facile de traverser le fleuve en des points nombreux, n'est que de 30 à 40 kilomètres.

En récapitulant ce que nous venons d'exposer, on en

arrive aux conclusions suivantes, renforcées par l'opinion du militaire italien le plus compétent:

1º La situation en pointe du Tyrol ne favorise nullement une attaque dirigée contre l'Italie, parce qu'on ne peut ni y concentrer des forces suffisantes, ni en déboucher en temps utile dans des conditions favorables. Au contraire, la configuration des frontières procure à l'Italie l'avantage de pouvoir facilement intercepter dans le Pusterthal la communication indispensable entre le Tyrol et l'intérieur de l'Autriche.

2º La frontière ouverte du côté de l'Isonzo est suffisamment couverte sur son front par les lignes d'opérations parallèles et particulièrement favorables formées par les fleuves Tagliamento, Livenza, Piave, Brenta, à la condition que les routes débouchant du Tyrol et de l'intérieur de l'Autriche dans la Vénétie soient barrées par des forts d'arrêt. Ces routes sont déjà en partie interceptées, et elles sont faciles à défendre par des fortifications en tous leurs débouchés ; les sommes nécessaires pour construire les ouvrages qui manquent sont votées depuis quatre ans par le Parlement.

3º L'Autriche est menacée très sérieusement dès la première période de la guerre, par la situation en pointe de la Vénétie. En effet, la principale ligne de communication entre le Tyrol et l'intérieur de l'Autriche (la route et la voie ferrée du Pusterthal) peut être atteinte de la frontière italienne en trois heures par la strada d'Allemagne à Toblach, et en une heure à Onnichen et Ober-Drauburg. Il existe en outre, dans cette région, de nombreux sentiers au moyen desquels des partisans peuvent facilement arriver inopinément jusqu'au chemin de fer. Le danger s'est d'ailleurs aggravé par le fait que le gouvernement italien a commencé à rendre praticable, en vertu de la loi de viabilité parue en 1875, tout le réseau des communications situées dans la région élevée de la Piave et du Tagliamento.

4° Tandis que l'armée italienne peut se concentrer dans les conditions les plus favorables sur le territoire entre l'Etsch et le Tagliamento et que, d'autre part, l'Etsch constitue pour elle une base excellente située suffisamment en arrière, facile à munir de têtes de pont, et d'où l'on domine tout le pays en avant, l'armée autrichienne, au contraire, est obligée de se concentrer dans les conditions les plus défavorables, au milieu des montagnes pelées qui côtoient l'Isonzo, et ne peut se déployer que très difficilement. Ces conditions excluent *à priori* la possibilité d'une attaque stratégique foudroyante, et même celle d'entraver sérieusement la concentration de l'armée italienne, sans compter que le pays montagneux, peu praticable et peu cultivé qui se trouve en arrière, constitue une mauvaise base d'opérations.

Que reste-t-il donc du péril soi-disant créé à l'Italie par la situation de ses frontières actuelles? Et lors même que ce danger, dont le général italien le plus compétent reconnaît formellement l'inanité, serait réel et fondé jusqu'à un certain point, serait-il logique que l'Italie, par une guerre *ad hoc*, se précipite dans ce prétendu danger, qu'elle écartera beaucoup plus simplement en ne faisant pas la guerre pour recouvrer ce qu'elle appelle ses frontières naturelles.

Mais, laissant de côté cette manière de voir, pourtant très rationnelle, on peut se demander encore si, en raison d'un inconvénient peu important résultant de la configuration des frontières, il est prudent de semer continuellement la discorde entre deux nations, de les faire tenir constamment sur leurs gardes et de les pousser à la guerre. Si l'Autriche était un voisin remuant, plein de haine et d'envie, on pourrait comprendre la nécessité de mettre fin par la force à un état de choses qui constitue une menace perpétuelle. Mais on sait fort bien en Italie que l'Autriche est un État pacifique, qui n'a d'autre désir envers l'Italie que de conserver les relations de bon voisinage les plus sincères et les plus cordiales. Nous ne voulons rétablir ni le pape, ni les princes dépossédés, et nous nous gardons bien de toute ingérence dans les affaires intérieures du nouvel État (1). Nous avons administré nos provinces italiennes convenablement et sagement ; nous avons recherché pour toutes les classes le bien-être moral et matériel ; nous y avons formé une population robuste et bien disciplinée ; nous les avons défendues et perdues avec honneur. Mais quand même on voudrait aujourd'hui nous rendre cette plus belle perle du riche diadème de la couronne d'Italie, nous ne voudrions certainement pas la reprendre.

Nous avons demandé un peu plus haut quel est l'État qui possède ses limites naturelles. Est-ce la Russie du côté de l'Allemagne, où la Pologne russe constitue un danger aussi peu sérieux que le Tyrol méridional pour l'Italie? Est-ce l'Autriche du côté de la Russie ou de l'Allemagne? Celle-ci les a-t-elles conquises du côté de la France, malgré la guerre de 1870-71 ? L'Espagne et le Portugal même ne les possèdent pas, car si le Portugal voulait avoir ses frontières

---

(1) Le *Diritto*, journal qui ne peut pas être accusé de sympathies en faveur de l'Autriche, dit dans son numéro du 23 août 1877 : « Nous sommes convaincus que personne, dans la monarchie austro-hongroise, ne désire prendre une revanche de l'Italie. »

Le gouvernement italien est d'ailleurs convaincu qu'aucun danger politique n'est à craindre de notre part, puisque sur les 16 millions votés en 1875 pour la fortification destinée à assurer la sécurité des deux frontières stratégiques continentales, il n'a pas été affecté, à part l'agrandissement de Rocca d'Anfo, la moindre somme pour élever des fortifications sur la frontière autrichienne, mais que la somme entière est consacrée à fortifier la frontière française et à commencer la fortification permanente de Rome.

naturelles, l'Espagne devrait être limitée au territoire de
l'Ebre et aux provinces sur les côtes de la Méditerranée,
puisque le Douero, le Tage et la Guadiana pénètrent profondément dans l'intérieur de la péninsule pyrénéenne et que
la ligne principale des crêtes de la Sierra passe loin à l'est.
Et pourtant nulle part, sauf en Italie, on ne revendique les
frontières naturelles !

Nous tenons à rectifier ici une erreur qui a cours aussi
bien dans la presse officielle que dans le Parlement, c'est
que dans ces derniers temps, l'Autriche a couvert de fortifications toute sa frontière italienne. Ainsi, dans la séance
du 19 juin 1878, le major Barratieri, député, prononçait un
discours dans lequel il disait : « La rade de Grado est armée
de torpilles, puis vient un noyau de fortifications autour
d'Aquileza, puis deux autres autour de Gœrz et de Gradisca,
un quatrième autour de Montefalcone, un cinquième à
Tolmein, puis à Caporetto, Malbergho, et enfin un fort à
Hermagor, dans la vallée du Gail. »

Nous en appelons à ce sujet à l'état-major général italien,
sans doute mieux informé, et qui est en mesure d'affirmer
d'une manière absolue au Parlement et à la nation qu'aucune
fortification nouvelle n'a été entreprise ni même projetée
depuis fort longtemps (1). En effet, les forts de Malborghetto et
de Prédil datent du commencement de notre siècle, et les

_____

(1) Pour être complet et impartial, il convient d'ajouter que le fait,
exact au moment où l'auteur l'a écrit, ne l'est plus aujourd'hui, ainsi
que le prouvent les lignes suivantes, que nous extrayons de la *Revue
militaire de l'étranger* du 17 janvier 1880 :

« Le budget extraordinaire de la guerre, en Autriche, prévoit pour
1880 l'allocation d'une somme de 100.000 florins, destinés à l'organisation de fortifications provisoires en Transylvanie, à Przemiel en Gallicie, ainsi qu'à Trente et à Riva, sur la frontière sud du Tyrol. Ces
derniers travaux auraient déjà reçu un commencement d'exécution en
1879 ; le *Journal d'Alsace* donnait à ce sujet les indications suivantes
dans son numéro du 12 novembre dernier :

« Sur la frontière méridionale du Tyrol, on élève en ce moment fortifications du Tyrol méridional sont connues depuis long-temps. D'ailleurs, tous les voyageurs peuvent se rendre compte *de visu* de cette assertion et du non fondé de l'affirmation contraire.

Examinons maintenant la frontière qu'on voudrait bien nous accorder. Elle partirait du *triplex confinium*, au nord de la fourche du Stilfser (au lieu de passer au sud comme maintenant) ; contournerait les sources de l'Etsch, courrait le long de la ligne de séparation des eâux de l'Etsch supérieur et du territoire de l'Inn, par le Brenner et la ligne de crête du territoire de l'Eisach à gauche ; traverserait la campagne de Toblach (ligne de séparation des eaux entre Rienz et Dran), atteindrait à l'est de Monte Croce la frontière actuelle, c'est-à-dire la crête principale des Alpes carniques, qu'elle suivrait jusqu'à Pontebba ; de là, traversant le col de Saifnitz et contournant les sources de l'Isonzo, elle longerait la ligne de partage des eaux entre l'Isonzo et la Save, puis, laissant toute l'Istrie à l'Italie, elle rejoindrait la mer à Fiume, qui serait conservée à la monarchie austro-hongroise.

C'est-à-dire que l'Autriche aurait à céder à l'Italie la plus grande partie du Tyrol, une partie de la Carinthie et de la Carniole, le comté de Gœrz, Trieste et l'Istrie. L'exagération

seize forts de différentes grandeurs. Plusieurs de ces ouvrages consistent en redoutes enfoncées dans la terre, construites en style tout à fait moderne et destinées à servir éventuellement de base pour la construction de retranchements passagers. On vient d'achever le fort qui défend l'entrée de la vallée près de Sardaro, dans la Judicarie. En ce moment, le chef du génie militaire du commandement d'Inspruck, général de Keil, fait exécuter de vastes ouvrages fortifiés sur le Monte-Brione, entre le Terbola et Riva. Sur la route de Roveredo, on construit des forts qui dominent le lac de Garde. De même dans la vallée de Primiero, qui doit son importance stratégique à ses défilés aboutissant à la Vénétie et qui est reliée par une nouvelle route à la ville de Fleims. Les délégations qui vont se réunir sous peu auront à voter les crédits nécessaires pour ces travaux. » *(Note du traducteur.)*

de ces revendications saute aux yeux; aussi nous ne nous arrêterons pas à les réfuter et nous nous bornerons à présenter quelques observations essentielles à leur sujet.

Personne ne peut nier qu'au nord de Trente l'élément allemand domine, et que l'on y trouve à peine quelques enclaves romaines : Meran, Bozen, Brixen, Brunnecken, etc., sont de toute évidence d'origine allemande. Dans le comté de Gœrz, la population de la campagne est slave en grande partie; celle des villes est slave, allemande et italienne. A Trieste, tout homme instruit parle allemand (1), et si l'on y parle beaucoup italien, cela tient aux relations commerciales que ce port a avec Venise et l'Orient; or, l'on sait que ce commerce se fait en grande partie en langue italienne.

Il n'y a pas besoin d'insister sur la prépondérance de l'élément slave en Istrie. On voit donc qu'en invoquant le principe des nationalités pour obtenir les frontières que nous avons indiquées, l'Italie n'est pas conséquente, car si c'est une honte pour la nation italienne de laisser gémir sous le joug autrichien toutes les races d'origine italienne, ce ne serait pas une honte moindre pour elle de faire gémir sous son joug des peuples d'origine allemande ou slave. La théorie du droit aux frontières naturelles fait tomber le principe des nationalités dans l'impasse de l'opportunité, comme cela eut lieu en 1854 pour l'expédition italienne en Crimée.

(1) La *Gazzeta Piemontese*, qui est loin d'être sympathique à l'Autriche, dit dans son numéro du 25 décembre 1877 : « Trieste n'est pas une ville italienne, ainsi que le prétend un groupe de personnes remplies de patriotisme et de bonnes intentions, mais elle est encore moins autrichienne, ainsi que l'affirme le gouvernement impérial et royal. Cette ville est cosmopolite; on y parle italien avec l'accent allemand. »

Soit, mais cette ville cosmopolite nous voulons la garder puisque nous l'avons et qu'elle a déclaré librement, il y a cinq siècles, vouloir appartenir à l'Autriche.

Nous disions qu'il n'y a pas nécessité de prouver que l'Istrie est en majeure partie slave. Cependant, comme nous avons dû entendre non-seulement dans le Parlement, que Pola est un port italien, mais encore dans une série de brochures spéciales où l'on cherche à prouver que l'Istrie est italienne et doit appartenir à l'Italie, nous allons entrer dans quelques considérations à ce point de vue.

L'Istrie doit être italienne parce qu'elle a été colonisée par les Romains.

A cela nous répondrons par cette question : les deux Siciles et l'Italie méridionale doivent-elles faire retour à la Grèce, parce que ces pays ont été non seulement colonisés par des Grecs, mais hellénisés à un point tel qu'en plein moyen âge encore ils célébraient la grandeur de la Grèce? Les Romains ont aussi colonisé la Grande-Bretagne; pourquoi l'Italie ne réclame-t-elle pas cette ancienne colonie romaine, et aussi la Roumanie, dont la colonisation par l'empereur Trajan remonte à une époque moins éloignée que celle de l'Istrie? Est-ce parce qu'on ne peut obtenir ces deux territoires que l'on donne une entorse au principe invoqué, en se bornant à constater platoniquement l'affinité de race avec la Roumanie, tandis que l'on réclame pratiquement l'annexion de l'Istrie.

L'Istrie doit être italienne parce qu'elle a appartenu à la Vénétie.

Ce n'est pas le lieu de rappeler ici la prospérité que la domination italienne a donnée à l'Istrie. Mais si chaque État voulait revendiquer aujourd'hui ce qui a pu lui appartenir à un moment donné, l'Allemagne pourrait avec autant de raison réclamer l'Italie, qui du temps du saint-empire a fait partie de la nation allemande.

L'Istrie, ajoute-t-on, doit être italienne, parce que la popu-
lation italienne y est, relativement à la population slave,
dans la proportion de 3 à 2, que les Italiens y forment
une race compacte, tandis que l'élément slave s'y compose
de races diverses, ayant des dialectes, des mœurs, des cos-
tumes différents, en un mot, ne présentant aucune unité
nationale.

Pour rester au point de vue général du principe, nous voulons d'abord constater que la proportion numérique indiquée
plus haut doit être renversée. Ensuite, nous tenons à faire
observer que, dans la croisade de publications faite contre
la monarchie austro-hongroise, on a spécialement fait ressortir que l'élément slave, bien que composé de Bohémiens,
de Polonais, de Ruthènes, de Serbes, de Slovènes, constituait
un danger à cause de son unité nationale comme races allemandes et hongroises.

En outre, avec cette théorie, on arriverait à conclure que
les Italiens ne constituent pas non plus une nationalité compacte, car les Sardes et les Vénitiens, les Calabrais et les
Lombards, les Siciliens et les Piémontais se distinguent les
uns des autres sous le rapport du costume et des mœurs,
au même point que les habitants de la forêt Noire se distinguent de ceux de la Hongrie, les Suédois des Espagnols,
les Russes des Français, et de plus il n'existe pas de pays où
les dialectes soient plus nombreux qu'en Italie. En effet, sans
compter les idiomes siciliens, émaillés de mots et de pronon-
ciations grecques et arabes, les dialectes génois, napolitains,
calabrais, piémontais, lombards, sont tout à fait différents et
incompréhensibles pour ceux qui parlent l'italien proprement dit.

L'objection que l'élément slave, dans l'Istrie, est fort inférieur sous le rapport intellectuel et que, par suite, ce n'est

pas lui qui peut constituer l'élément politique, cette objection ne nous arrêtera pas ; le sentiment de notre dignité nous commande de ne pas y répondre.

Il est profondément regrettable en soi de voir traiter la situation actuelle des États avec des moyens renouvelés de l'antiquité, et d'examiner le droit international existant au moyen d'ambiguïtés ethnographiques ou de réminiscences historiques. Les uns veulent que les Deux-Siciles et l'Italie méridionale appartiennent à l'Italie, parce que les colonies grecques se sont greffées sur la race italienne et n'ont que plus tard supplanté la langue italienne. D'autres prétendent, en vertu du même principe, que le nord de l'Italie n'est nullement italien, car lorsque les Romains, dans le Ve siècle, après la création de Rome, jugèrent utile de substituer les Alpes aux Apennins (leurs frontières naturelles jusqu'alors), il n'y avait dans la vallée du Pô aucune race italienne, mais des Boyères, des Insubriens, des Celtes et des Vénitiens, appartenant à la souche illyrienne. Ainsi, dans un cas on considère comme titre de droit l'époque de la colonisation, et dans l'autre, l'époque des premières migrations connues, c'est-à-dire précisément ce dont on a besoin pour mettre la science au service des velléités purement personnelles. Les traités internationaux sont les seules lois qui doivent régir les États civilisés, de même que le code civil est le code du droit pour les hommes civilisés. De quels yeux les Italiens ne regarderaient-ils pas ceux qui, pour une raison quelconque, viendraient demander à l'Italie une rectification de frontières ou même une cession de territoire ?

Il est facile de comprendre que tout État désire posséder une frontière militaire aussi bonne que possible Mais un vœu de ce genre ne constitue pas un droit national, pas plus que dans la vie privée le désir de posséder les biens de son voisin ne donne le droit de se les approprier. Avec des théories semblables à celles des frontières naturelles, on glisse sur la pente du socialisme international, et malheur à la civilisation de notre siècle si, par de tels exemples, les États précèdent les tendances socialistes dans la confusion des notions du mien et du tien.

3° La conquête du Tyrol méridional par Garibaldi.

Nous allons aborder ici une question bien délicate. Une lutte de près de vingt ans a prouvé incontestablement le courage politique de la nation italienne, la force, l'abnégation et la bravoure de son armée. Ce n'est pas nous, qui plus que tout autre avons lutté contre l'Italie avec des chances diverses, qui songeons à l'oublier ni à le méconnaître. Mais nous avons bien le droit de vérifier et d'examiner un fait historique, sans craindre d'être mal compris, d'abord dans le but de le présenter sous son vrai jour, et ensuite pour réfuter une erreur dont on cherche à se servir comme d'une arme contre nous.

Ainsi, de ce que Garibaldi a conquis en 1866 le Tyrol méridional, on voudrait conclure que cette province doit faire retour à l'Italie. Voici textuellement une de ces allégations (1) : « Nos pauvres soldats furent conduits en holocauste à Custozza, où personne ne fut victorieux, ni nous ni les Autrichiens (!) Mais, sur un signe venu de Paris, la marche du général Cialdini fut suspendue, le général Medici reçut l'ordre de ne pas occuper Trente, et le général Garibaldi fut forcé d'évacuer le Tyrol italien, qu'il avait conquis grâce au courage héroïque des volontaires. »

Les historiens italiens eux-mêmes ont fait l'honneur d'ac-

---

(1) C'est un extrait du journal [la Riforma, organe de M. Crispi, président de la Chambre des députés en 1877-78, et peu après ministre de l'intérieur (numéro du 3 août 1878). On trouve une pareille déclaration dans le numéro du 3 février 1879 du même journal, dans l'article intitulé : « La politica della destra. »

cepter comme une vérité cette inexactitude flagrante; nous ne nous attarderons donc pas à rechercher une fois de plus qui a vaincu à Custozza. Mais nous tenons à prouver que l'occupation de Trente fut empêchée non par un mot venu de Paris, mais par les excellentes dispositions prises par notre armée. Ces dispositions furent d'ailleurs essentiellement facilitées par le fait que dans tout ce qu'on [appelle « Tirolo italiano » il ne se trouva pas un seul traître pour renseigner les *libérateurs* sur les positions que nous occupions.

Le général Kuhn, après le combat de Bececca, s'attendait à une nouvelle tentative de percée de la part de Garibaldi. Aussi avait-il occupé avec toutes ses forces la position stratégique de Bad Cumano (entre les Judicarien Alpen d'une part et le Val Sugana de l'autre) et n'avait laissé dans le Val-Sugana que la moitié de la brigade Pichler (1), laquelle était chargée de masquer et de couvrir la concentration de ce côté.

Sur la nouvelle que la demi-brigade Pichler, sérieusement attaquée, ne pouvait résister plus longtemps et qu'elle était refoulée sur Trente par la division ennemie, le général Kuhn jeta rapidement sur Trente toutes ses troupes, dans la nuit du 23 au 24 juillet, en leur faisant exécuter une marche forcée aux allures les plus rapides. C'est ce mouvement qui empêcha la prise de Trente, mais nullement le mot venu de Paris. D'ailleurs, ce qui prouve que le mot d'ordre venu de Paris n'était pas arrivé le 23, ni le 24, ni même le 25 au matin, et que les mesures militaires prises pendant ces trois jours n'ont à aucun point de vue été influencées par cette prétendue ingérence, c'est que lors du combat qui s'engagea

(1) La demi-brigade Pichler se composait de six compagnies et d'une demi-batterie. A Trente même, il n'y avait qu'une garnison de quatre compagnies.

le 25 dans l'après-midi, autour du val Sorda, le général Medici voulut tâter d'abord l'adversaire, avant de se porter à l'attaque de Trente, et il put constater que nous y avions rassemblé toutes nos forces. Ces diverses actions n'auraient certainement pas eu lieu si le mot d'ordre de Paris était venu opposer son veto dès le 23 ou le 24. L'avis qu'un armistice général venait d'être conclu n'arriva que dans la soirée du 25, en même temps que des nouvelles du camp ennemi. Cet armistice fut immédiatement suivi du traité de paix définitif.

On ne peut donc à aucun point de vue critiquer le général Medici de n'avoir pas attaqué Trente le 23 au soir ou dans la nuit du 23 au 24 juillet. Rien n'est plus facile que de critiquer, surtout à la légère. On sait que dans une guerre ce qui permet le mieux de prendre une bonne décision, c'est la connaissance que l'on peut avoir de la position et des forces de l'adversaire. Or le général Medici était parfaitement fondé à croire que le général Kuhn, après son choc contre Garibaldi, s'était replié sur le val Sugana et que le gros des troupes impériales se trouvait derrière l'avant-garde (demi-brigade Pichler) qui lui était opposée. Mais dans tout le Tyrol méridional il ne se trouva pas un traître pour renseigner Medici sur la véritable position que nous occupions, et cela suffit à expliquer l'attitude prise par ce général.

Ainsi l'on voit que cet épisode doit être expliqué, non par les fautes commises par le général Medici et ses braves troupes, mais par la fidélité patriotique à l'empire des habitants du Tyrol méridional, qui facilitèrent ainsi considérablement la défense de leur beau pays contre l'invasion ennemie. En outre la fable du mot d'ordre venu de Paris n'est qu'une erreur grossière.

Mais nous voulons démontrer aussi que les volontaires de Garibaldi n'ont pas conquis le Tyrol méridional.

Garibaldi ne s'est jamais avancé dans les Judicarien Alpen (territoire de Chiese) au delà de Cimego (environ à 15 kilomètres au nord des frontières lombardes), car à une lieue de Cimego, le fort permanent de Lardaro ferme hermétiquement la vallée, et les tentatives faites pour tourner ce fort par des sentiers de montagne impraticables auraient été facilement empêchées par la demi-brigade Höffern. D'ailleurs une attaque de front engagée par Garibaldi dans ces conditions échoua le 16 juillet, au combat de Condino. Garibaldi ne pouvait pas davantage avancer du côté de Riva, où il existait une batterie permanente inexpugnable. Il réussit au contraire à faire tomber le 19 juillet le petit fort de Val Ampola, après un bombardement violent qui dura plusieurs jours et pour lequel il trouva une hauteur dominante rapprochée. Il put alors prendre possession du Val Ampola et de la vallée supérieure de Ledro jusqu'à Molina (sur une étendue de 17 kilomètres environ).

Garibaldi avait enfin une base à l'aide de laquelle il pouvait chercher à arriver sur les derrières de Riva par Bececca, Lensumo et le mont Pichea, haut de 2.000 mètres. Mais le 21 il rencontra à Bececca la brigade autrichienne de Montluisant, qui lui fit perdre beaucoup de monde et lui prit 1.100 prisonniers, dont 17 officiers supérieurs ; la tentative de percée dut en conséquence être abandonnée. Le combat de Cimego, qui eut lieu en même temps, n'eut pas plus de succès, de sorte que Garibaldi dut, avec ses volontaires, se replier en partie sur Storo et en partie sur les montagnes de la frontière au sud de Bececca. Jusqu'à la cessation des hostilités, il n'y eut plus aucun combat, et à cette époque les Italiens avaient en leur possession :

1° La petite bande dans la vallée de la Chiese, allant de la frontière au sud de Condino, environ 12 kilomètres, occupés par Garibaldi.

2° Le val Ampola avec la ligne de séparation des eaux dans la vallée du Ledro et cette vallée jusqu'à Molina, soit environ 17 kilomètres occupés également par Garibaldi.

3° Le val Sugana, de Primolano jusqu'à Pergine, sur une étendue d'environ 45 kilomètres, occupés par la division Medici.

Il n'existe sur ces trois lignes aucun point militaire important dont la possession ait une influence quelconque sur l'occupation du pays. Toutes les routes d'accès, surtout le chemin de fer et la route qui traverse la vallée de l'Etsch en passant par Peri, Ala, Roveredo, Trente, et qui constituent les lignes d'opération les plus importantes pour l'armée autrichienne en Italie, ces lignes sont restées complètement libres pendant toute la campagne et n'ont pas vu un seul soldat italien (1).

D'après cela, il est vraiment étonnant de voir qu'on ose soutenir publiquement que le Tyrol méridional a été conquis en 1866. D'ailleurs ce serait une théorie toute nouvelle que celle qui consisterait à se croire des titres à la possession d'une province entière parce qu'on en a occupé sans coup férir une portion insignifiante, surtout alors qu'un traité de paix a annulé la prise de possession. Dans ces conditions, l'Autriche pourrait avec plus de droit réclamer toute la Lombardie, parce que les troupes autrichiennes ont stationné pendant toute la guerre et même à la conclusion de

(1) Pour donner plus de poids à notre affirmation, nous pourrions en appeler à l'opinion de deux témoins très sérieux : 1° le général Garibaldi lui-même, qui ne voudrait certainement pas laisser dénaturer les faits historiques ; 2° le baron Nicotera (ministre de l'intérieur en 1876-77), qui a fait comme général de brigade la guerre dans le Tyrol et qui rend hommage à la vérité.

Rüstow, un antagoniste avéré de l'Autriche, dit textuellement ce qui suit à ce sujet : « Tout le territoire occupé alors entre le pont de Caffaro, Riva et le Chièse supérieur, comprenait au plus huit milles carrés et les Italiens ne s'étaient pas avancés à plus de quatre milles dans le pays. »

l'armistice dans le val Camonica, à Vezza et sur la route du col de Stilfser à Spondalunga.

4. *Soustraire le Trentin et le Triestin à la tyrannie de l'Autriche*

Nous avons déjà indiqué en passant l'appréciation de l'Italie sur notre manière de gouverner, et ce qu'il faut penser de cet argument. Nous ne voulons donc pas nous lancer dans de longues dissertations académiques à ce sujet, mais simplement relever les phrases qui caractérisent le mieux les plaintes adressées à la monarchie austro-hongroise. Ce sont : l'oppression des nationalités, la brutalité de la justice et l'arbitraire de la police, la presse bâillonnée, le droit civil restreint.

Par oppression des nationalités, on veut sans doute dire que la langue, la religion, le costume, les mœurs et coutumes ne sont nullement respectés, mais doivent se plier à un nivellement autocratique général. Or c'est précisément le contraire qui a lieu; ainsi, par exemple, dans la partie du Tyrol méridional où l'on parle italien, presque toutes les écoles sont italiennes, la langue officielle est l'italien, les employés parlent en italien avec le peuple, et il ne peut être cité aucun cas où les mœurs et coutumes des habitants du pays aient été entravées en quoi que ce soit. Il en est de même dans toutes les autres provinces où l'on parle l'allemand, le bohémien, le ruthénien, le slave, où le langage et les traditions spéciales sont partout et toujours respectées. Lorsque, comme en Bohême, il existe des communes mixtes, il y a des écoles allemandes et bohémiennes, et si, en dehors des écoles primaires, la langue allemande fait partie de l'enseignement obligatoire à côté de la langue nationale, c'est uniquement comme branche d'instruction générale, parce qu'en Autriche tout homme instruit doit savoir l'allemand, attendu que la connaissance de cette langue sert autant à l'État qu'aux individus.

Les Hongrois seraient fort étonnés si l'on venait leur soutenir qu'ils sont opprimés par les Autrichiens, et ils se borneraient à répondre que la constitution qui lie les deux États s'oppose à toute velléité de ce genre, et que d'ailleurs eux, Hongrois, ne se laisseraient nullement opprimer.

Quel État pourrait donner une preuve plus péremptoire et plus honorable de son respect pour l'histoire et la nationalité de ses peuples que l'Autriche à propos de la Gallicie? On pourrait affirmer en toute certitude que l'Autriche est la protectrice des nationalités, et en alléguant le contraire on exprime une erreur grossière ou bien l'on fait preuve d'une ignorance complète.

Notre code pénal est reconnu pour un des meilleurs et des plus humains; notre magistrature a mérité le respect de toute l'Europe par son instruction, son sens droit, son impartialité et son intégrité, que certaines plumes italiennes cherchent en vain à mettre en doute. Enfin, le jury fonctionne.

Aux yeux des exaltés italiens, la loi est toujours brutale; est-ce parce que les menées révolutionnaires, qui ne sont heureusement chez nous qu'un article d'importation, n'échappent jamais aux mesures préventives de la police et au jugement inexorable de la loi? Mais c'est là un devoir sacré pour l'État. Si l'on veut conclure de là que l'Autriche-Hongrie est un État où règne la police, il n'y a rien à répondre à un pareil reproche. Il est vrai que le peuple autrichien, bien que fort civilisé et très paisible, regarde comme un besoin impérieux le respect absolu des lois, et qu'il désire que ce respect soit assuré au besoin par une répression modérée et même énergique de ceux qui veulent y porter atteinte. Il veut avec raison être protégé dans sa per-

sonne et dans sa propriété, pouvoir jouir en paix du bien-
être moral et matériel, auquel rien n'est plus préjudiciable
que des empiètements de territoire.

Il est vraiment étonnant que ce soient des Italiens qui
viennent nous jeter à la face le reproche de l'arbitraire de
la police et de la brutalité de la justice. Ce qui s'est passé
en Sicile, en 1876-77, pour réprimer le brigandage justifie
une fois de plus le proverbe que celui qui demeure dans
une maison de verre ne doit pas jeter des pierres aux pas-
sants. Le *Risorgimento* (1), journal de Turin très estimé,
en rapportant les faits consignés dans les journaux ministériels, par conséquent méritant créance en cette matière, ajoute
textuellement : « Il ne nous est pas possible d'ajouter foi
aux rapports ministériels concernant la Sicile. S'ils étaient
vrais, nous pourrions nous croire revenus aux beaux temps
de la torture, et il ne manquerait que des accusations de
sortilèges pour que les autorités de l'île aient épuisé toute
la procédure qui distinguait le moyen âge. Priver un prisonnier de nourriture jusqu'à ce que, vaincu par la souffrance,
il ait dénoncé ses complices; faire boire un accusé jusqu'à
le rendre hydropique pour le forcer à dévoiler des secrets;
administrer des coups de bâton à un prévenu : de tels procédés ne feraient-il pas dresser les cheveux sur la tête à un
argousin. »

Evidemment tout cela est exagéré; mais lorsque les journaux italiens s'expriment de la sorte sur ce qui se passe
dans leur pays, on est bien en droit de demander s'ils ne
font pas de même lorsqu'ils parlent de ce qui se passe ail-

(1) Numéro du 30 août 1877. Voir en outre *la Capitale* du 16 novembre 1877, dans l'article intitulé *Nouvelles infamies en Sicile*, où il
est dit que la police a torturé dix individus et les a maltraités à coups
de bâton; de même *la Capitale* dans ses numéros des 23 et 24 septembre 1877, les révélations curieuses du baron sicilien Lidestri, etc.

leurs que chez eux. Il est certain que notre législation et notre administration ne connaissent pas le système de l'avertissement (ammonizioni) et du domicile forcé (domicilio coatto).

Tout le monde, la libérale **Angleterre** en tête, a approuvé les mesures énergiques prises alors en Sicile par l'Italie, et bien que certains agissements de la police aient paru regrettables, personne n'a songé à contester qu'à un état de choses extraordinaire il fallait une répression exceptionnelle. Personne n'a songé non plus à accuser le gouvernement et le pays de barbarie, comme on l'a fait si facilement pour nous, lorsque nous avons voulu punir les traîtres, les conspirateurs, et cela sans avoir recours à des mesures d'exception, mais uniquement en appliquant dans toute leur rigueur les lois existantes. Si la loi de sûreté promulguée en 1876 pour la Sicile n'avait pas été rapportée à la suite de discussions politiques, et si le ministre de l'intérieur venu ensuite, le baron Nicotera, homme d'une grande énergie, avait pu l'appliquer, il est certain que non seulement le brigandage aurait entièrement disparu de la Sicile, mais encore que l'état de la sécurité publique dans le reste de l'Italie ne laisserait pas tant à désirer.

Il y a environ sept ans, des bandes s'étaient organisées en Hongrie pour pratiquer le brigandage dans des comtés entiers, grâce aux forêts très étendues qui y existent. Lorsque le gouvernement se fut rendu compte que les lois ordinaires ne suffiraient pas pour en venir à bout, il demanda au Parlement l'autorisation d'envoyer sur les lieux un commissaire muni de pleins pouvoirs. Personne ne songea alors en Hongrie à faire une arme de combat politique de cette question de sécurité publique et d'autorité centrale, et pourtant les Hongrois sont certainement aussi jaloux que les Italiens de leurs droits constitutionnels. Le comte Raday fut délégué comme commissaire muni de pouvoirs discrétionnaires ; il fit pendre une douzaine de ces brigands et un nombre plus grand de leurs complices, et en six mois le pays était complètement débarrassé du brigandage, dont il n'a pas vu de traces depuis. En Italie au contraire, outre les régiments de gendarmerie (carabiniers), il existe encore aujourd'hui 40 bataillons affectés spécialement à combattre le brigandage ; malgré cela, la statistique criminelle prouve que la répression n'est pas suffisante et qu'il serait temps d'en finir par une décision énergique.

Notre presse a évidemment encore bien des améliorations à réaliser ; cependant celui qui lit attentivement nos journaux ne tarde pas à être intimement convaincu qu'ils peuvent exprimer librement et entièrement leur opinion sur tous les sujets possibles. Une seule chose leur est formellement interdite : c'est de prêcher la république ou le socialisme, car nos lois ne connaissent pas de tolérance et n'admettent aucune excuse pour les attaques contre la forme de l'État. Notre presse est éclairée, libérale, patriotique, et constitue par suite une grande puissance dans l'État, ce qui ne pourrait évidemment pas être si elle n'était pas libre.

Enfin, comment pourrions-nous bien prouver qu'il n'existe peut-être aucun État où le droit civil est aussi développé qu'en Autriche, et où il est possible d'en faire aussi largement usage ? Il faudrait expliquer à nos contradicteurs tout le mécanisme de nos lois, et encore il se trouverait après cela des gens pour accuser notre législation d'être lettre morte ! Quand il plaît à quelqu'un de soutenir que ce qui est blanc est noir, on voit que l'erreur est volontaire et personne ne songe à la redresser. Mais les 40.000 Italiens qui résident à Vienne, où ils sont parfaitement reçus et traités, peuvent prouver par leur exemple à leurs compatriotes abusés, que la vie publique, privée et commerciale est très facile et fort bien protégée. Or, pourquoi en serait-il autrement à Trente et à Trieste que dans le reste de l'Autriche !

Chaque gouvernement a ses qualités et ses défauts. Nous savons fort bien qu'il y a encore en Autriche bien des choses qui laissent à désirer, et c'est précisément pour cela que nous ne voulons pas nous poser en redresseurs de torts ni nous citer comme exemple, et encore moins comme pionniers privilégiés du progrès. Mais nous avons l'intime conviction que nous marchons en avant d'un pas sûr, et par conséquent nous serions en droit d'être traités avec plus d'urbanité et de justice qu'on ne le fait en nous accablant d'invectives grossières et imméritées, dans un langage sans frein ; nous aurions d'autant plus droit de compter sur un pareil procédé que l'Italie nous paraît en avoir grand besoin pour elle-même. En effet, il ne faut pas oublier que, dans ce jeune État, il s'est produit des circonstances qui ont permis de reconnaître comme une grossière erreur l'allégation que le Tyrol méridional et le Triestin faisaient des vœux pour être distraits le plus tôt possible de l'Autriche, pour jouir d'une situation meilleure sous un autre gouvernement. Pour prouver cette assertion autrement que par notre affirmation, qui pourrait être contredite quoique vraie, nous allons citer des rapports et des statistiques officiels extraits de la presse italienne, car il faut bien admettre que celle-ci, dans son patriotisme éclairé, n'aura pas inventé des mensonges pour nuire à la cause de son pays.

Il est connu qu'en Italie les contributions sont très élevées, et que non seulement elle ne sont pas proportionnées à la richesse du pays, mais encore qu'elles sont devenues intolérables par la manière oppressive dont elles sont levées, surtout dans les provinces du sud. où, malgré la fertilité du sol, qui avec peu de travail donne une triple moisson, il règne une pauvreté incroyable. Bien qu'il y ait en Italie beaucoup plus de villes et par conséquent plus de citadins que dans les autres pays, et que cette population commence à devenir remuante et inquiétante par suite de la cherté des choses nécessaires à la vie et de la diminution des salaires, la situation est devenue grave bien moins à cause des difficultés qui résultent de cet état de choses que par la condition qui est faite à l'agriculture et par la misère que la situation économique a causée aux paysans. Un symptôme frappant de cette misère résulte des nombreuses pétitions que les cultivateurs adressent aux préfets et aux autorités communales, pour demander de l'ouvrage afin de ne pas mourir de faim (1).

« Pour se rendre compte de l'importance et de la gravité de ce phénomène, il ne faut pas perdre de vue que la misère et la faim poussent, dans presque toutes les provinces du royaume, les paysans à des actes de désespoir, sans être arrivés à ce résultat par aucune espèce d'entente préalable, comme cela a lieu pour les grèves d'ouvriers, qui ont leurs journaux et leurs sociétés qui les dirigent et les stimulent pour arriver à une action commune.....

« Les nouvelles qui nous arrivent sur les souffrances des paysans dans la haute Italie et l'Italie centrale ne sont qu'une pâle image de ce qui se passe dans les Calabres. Le *Piccolo* de Naples raconte que dans ces pays les gens meurent littéralement de faim, et cela faute de travail, car

---

(1) Le Journal officieux l'*Italie*, dans ses numéros des 19, 22, 23 et 29 septembre 1878, fait un tableau complet et fidèle de la situation vraiment lamentable de la population agricole. Ce récit est si intéressant que nous avons cru devoir le reproduire en supplément. Nous nous bornerons ici à rappeler la comparaison que fait le professeur Villari, du bien-être, de l'aspect robuste et de la vie indépendante du paysan tyrolien en regard de la pauvreté, de la maigreur et du désespoir des paysans italiens, leurs voisins immédiats.

on ne peut dire que les vivres sont chers comme dans les années de famine. » (Le *Popolo romano*, du 10 mai 1878.)

Le sénateur Boccardo, rapporteur de la commission sur le projet de rétablissement du ministère de l'agriculture, ne s'exprime pas avec moins de précision. Il expose que l'Italie, autrefois si riche en céréales, occupe actuellement le dernier rang sous le rapport des productions du sol, que l'industrie est dans la décadence la plus regrettable, que les nombreux navires qui relâchent dans les ports italiens sont obligés de compléter les chargements aux trois cinquièmes de ballast, faute de trouver dans ces ports un fret suffisant. Tout travail languit, dit l'honorable sénateur, et par suite toute l'activité humaine est paralysée. La durée moyenne de la vie du peuple italien est inférieure de huit ans à celle du Français et de seize ans à celle du Norwégien. La mortalité est surtout très grande chez les enfants ; elle atteint 40 p. 100 et même 60 p. 100, dans certaines régions, pour les enfants âgés de moins de cinq ans, tandis qu'en Angleterre, le chiffre de ces innocentes victimes ne va qu'à 26 p. 100. Le sénateur Boccardo dit en outre textuellement : « Les grèves assez fréquentes des ouvriers, la crise prolongée qui paralyse toutes les branches de l'industrie, l'émigration qui dépeuple nos campagnes, l'impuissance souvent constatée de la bienfaisance à remédier à une misère si profonde, nous font entrevoir avec crainte le jour où notre pays aussi sera la proie facile de ces insensés qui veulent saper la société moderne. »

Une conséquence naturelle de cette triste situation économique est l'accroissement constant de l'émigration, qui de 12.000 en 1867 s'est élevée à 30.000 en 1868, à 40.000 en 1870 et à 76.000 en 1873. (Le *Piccolo* de Naples, numéro du 26 juillet 1877.)

D'après la statistique de l'émigration publiée dans le jour-

nal officiel du 23 novembre 1878, le nombre des émigrants
a atteint 108.771 en 1876, dont 19.848 considérés comme
définitifs et 89.024 comme temporaires. En 1877 et pendant
la première moitié de 1878, 160.008 personnes ont continué
à émigrer, dont 31.465 à titre définitif. Ainsi, dans deux ans
et demi, 268.779 Italiens ont quitté leur patrie, dont 51.313
définitivement, parce qu'ils ne pouvaient plus arriver à s'y
procurer les choses nécessaires à la vie.

Ces nombres donnent à réfléchir, surtout parce que ce sont
précisément les habitants des parties les plus robustes et les
plus laborieuses qui ont émigré en plus forte proportion. En
effet le Piémont, la Lombardie et la Vénétie fournissent un
contingent de 30.551 émigrants permanents et de 184.524
émigrants temporaires. Mais ce qui a surtout une grande
importance au point de vue du régime intolérable subi par
les habitants du Trentin et du Triestin, il faut remarquer
que les anciennes provinces autrichiennes du royaume lombard-vénitien comptent 24.685 émigrants définitifs et 120.813
temporaires, c'est-à-dire pour une proportion de 55 p. 100,
dans le nombre total des émigrés italiens.

Le tableau que présentent les conditions financières des
communes n'est pas beaucoup plus satisfaisant. La ville de
Florence, qui a une dette de 150 millions, marche à une
banqueroute et le gouvernement a dû venir à son aide l'année dernière pour une somme de 3 millions, destinés simplement à couvrir le déficit budgétaire annuel. La ville
de Naples n'arrive pas à payer ses contributions à l'État, et
sur une somme de 60 millions que cette ville voulut
emprunter en 1877, elle trouva à peine 3 millions, qui ne
furent souscrits d'ailleurs qu'à force de réclame. D'après les
statistiques officielles les plus récentes, le total des dettes
des communes italiennes s'élevait, à la fin de décembre 1877,
à la somme ronde de 701 millions de francs, alors qu'il

n'était que de 535 millions à la fin de l'année 1873. Cette progression anomale s'explique par le fait que l'État a imposé aux communes des charges énormes, tout en leur enlevant la plus grande partie de leurs ressources particulières. L'Italien est laborieux et économe ; ses intérêts locaux, sa commune lui sont chers avant tout, et cela peut expliquer le reproche que l'on fait à l'État d'opprimer la commune, reproche motivé par l'accroissement des charges que lui impose l'administration de l'État.

On comprend que nous, qui sommes tant calomniés en Italie, nous recueillions avec empressement le témoignage d'une feuille connue pour son antagonisme envers le gouvernement autrichien. La *Capitale,* dans son numéro du 15 avril 1878, fait de l'administration autrichienne, de sa simplicité et de sa supériorité, un panégyrique tel, que nous ne pouvons nous empêcher de le reproduire textuellement.

« Prenons par exemple un chef-lieu de circonscription de la Vénétie, Pordenone, que nous n'avons pas choisi pour les besoins de la cause, mais parce qu'un correspondant en qui nous avons toute confiance nous a envoyé à ce sujet des renseignements exacts et détaillés.

« Avant 1866 cette ville d'environ 7.000 habitants avait, outre les administrateurs de la commune, trois autres administrateurs : un pour les finances, un pour l'administration politique, un pour la justice.

« Avec ces trois administrateurs, représentant les trois branches indispensables d'un bon gouvernement, tout marchait admirablement. On contrôlait les ressources de la commune, on faisait rentrer les impôts, on rendait la justice. Mais, dès qu'on y eut introduit le système administratif de notre gouvernement, de trois le nombre des administrateurs fut porté à quinze, savoir :

« Pour la justice : tribunal civil et correctionnel, préteur et juge de paix;

« Pour l'administration : commissariat, bureau de la sûreté publique, inspection des forêts, inspection des écoles, commandement de gendarmerie;

« Pour les finances : contributions directes, enregistrement, vérification des poids et mesures, biens de l'Église, inspection des finances, vérification de l'impôt sur la mouture, octroi...

« Mais passons de la circonscription à la province, dont le chef-lieu est Udine. Elle avait 19 circonscriptions et par suite 57 administrateurs en tout. Aujourd'hui elle n'en compte pas moins de 228. »

Comparons maintenant l'état de l'instruction dans le Tyrol méridional et sur le territoire italien voisin. Un journal italien des mieux rédigés donne à ce sujet, dans son numéro du 23 janvier 1877, des renseignements qui ne sont pas moins concluants en notre faveur. Il dit :

« Nous citerons entre autres l'exemple de la commune de Corta d'Ampezzo (1), sur l'instruction de laquelle nous possédons un rapport précis. Nous devons avouer tout d'abord que cet exemple ne répond pas tout à fait à la moyenne, parce que cette commune est riche et, bien que composée en grande partie de paysans, elle a le mérite rare de n'avoir jamais reculé devant une dépense à faire pour les écoles. Quoi qu'il en soit, on y trouve, pour une population de 3.200 habitants, une école primaire à quatre classes pour les garçons, et une semblable à trois classes pour les filles, toutes deux dirigées par des maîtres habiles et installées dans des locaux splendides et bien organisés, fréquentées

---

(1) Cortina d'Ampezzo est une commune autrichienne située dans la vallée supérieure de Boït (territoire de la Piave supérieure), sur la strada d'Allemagne.

par 420 élèves, c'est-à-dire par tous les enfants. La prison et l'amende sont les peines infligées aux parents qui négligent d'envoyer leurs enfants à l'école.

« Une école en fait créer une autre : le gouvernement autrichien a accordé à la commune d'Ampezzo l'établissement d'une école industrielle pour les travaux de filigrane et de découpage des bois, avec une subvention annuelle de 6.250 francs; de plus il a fourni les machines. La commune a donné le local et le reste du matériel.

« Quelle différence entre les écoles d'Ampezzo et celles de la commune italienne voisine, Cadore ! Et pourtant on ne peut pas invoquer ici la différence de races, car avant 1511 Ampezzo faisait partie de Cadore, dont elle a conservé à peu près intacts les mœurs et le langage. »

Ainsi s'exprime la feuille romaine. L'allusion faite dans les dernières lignes à l'origine italienne première d'Ampezzo prouve de nouveau incidemment, de la manière la plus péremptoire, que l'unité nationale ne constitue pas par elle-même la raison d'un progrès bien marqué.

Le même journal, dans son numéro du 17 mars 1877 et dans un article inspiré par la lutte avec l'Église romaine, exprime la pensée que l'Italie, malgré sa situation fâcheuse, devrait se lever comme un seul homme contre les attaques du pape, et il dit textuellement : « Il est vrai que des malheurs nombreux ont accablé notre pays dans les quelques années qu'il a vécu d'une vie nouvelle. Les ténèbres de l'ignorance aveuglent encore notre peuple, la misère l'étreint, la corruption le ronge et le débilite, l'indifférence paraît avoir gagné le cœur et l'esprit, l'égoïsme menace de prévaloir dans les classes aisées et cultivées; les hommes patriotiques sont divisés et subdivisés eux-mêmes à un point tel qu'il est difficile de se rendre compte, dans ces nuances infinies, quels sont ceux qui sont les plus mécontents. »

Cette situation critique dans laquelle se débat la jeune Italie depuis sa consolidation intérieure, et qui a pour conséquence l'expatriation annuelle de 100.000 de ses enfants les plus solides, a pour cause un *service militaire de dix-neuf ans* et l'élévation disproportionnée des impôts. Et ce sont là les cadeaux que l'on voudrait faire aux provinces autrichiennes, qui à tous les points de vue jouissent d'une position beaucoup plus agréable et assurée que si elles passaient sous l'administration italienne.

Loin de nous la pensée de faire un reproche de cet état de choses à ce pays, qui, lors même qu'il aurait encore plus de charges et moins d'avantages qu'il n'en a réellement, n'en doit pas moins rester cher à tout homme de cœur qui y est né. Il suffit d'avoir étudié l'histoire, même superficiellement, pour savoir que dans la vie des peuples il se présente des circonstances extraordinaires et des périodes de crise, parmi lesquelles il faut citer la formation d'un État nouveau avec les débris d'une situation politique détruite par l'action du temps. Ainsi que nous l'avons dit, nous ne rappelons pas ces circonstances pour le vain plaisir de nous livrer à une critique hors de propos, mais simplement pour servir de point de comparaison entre la situation qui est faite aux habitants du Tyrol méridional et celle de leurs voisins Italiens. Cette comparaison suffira à prouver qu'il faut taxer au moins d'audacieuse la prétention de délivrer le Tyrol méridional et le Triestin d'un joug intolérable, et de vouloir annexer ces provinces uniquement dans le but de les soustraire à la misère et de les faire bénéficier d'une situation meilleure et mieux assurée.

La liberté politique et religieuse, une prospérité florissante, une administration prévoyante et simple, adaptée aux besoins de la population, la sécurité de la vie et des biens, l'instruction très développée, les mœurs et coutumes nationales respectées, un temps de service relativement court (1) : ce sont là les liens qui ont réuni et qui maintiendront unis tous les peuples de la monarchie austro-hongroise.

Au surplus, nous pouvons trouver dans les faits les plus récents la preuve indéniable de la fidélité du Tyrol méridional surtout à l'Empereur et à sa dynastie (2). Pendant toute la durée de la lutte défensive de 1866 dans cette province, il est à remarquer que le télégraphe de campagne qui y fut installé ne fut brisé en aucun point, que ni la poste ni les courriers ne furent arrêtés une seule fois, qu'il ne se trouva aucun traître pour communiquer les opérations à l'ennemi, alors que plus d'une fois, comme nous l'avons expliqué déjà, une trahison aurait pu mettre l'armée autrichienne dans une situation critique. On savait pouvoir compter assez sur la fidélité de cette population pour ne pas craindre de retirer presque toutes les troupes qui se trouvaient dans la province, en se bornant à laisser de faibles garnisons dans les places. On doutait même si peu de l'insuffisance de ces garnisons pour la défense du Tyrol méri-

(1) Le service militaire en Italie dure dix-neuf ans, tandis qu'en Autriche il n'est que de douze ans.

(2) Le colonel Rüstow, bien connu pour anti-autrichien, dit dans sa *Guerre de* 1866 (p. 361) : « Il nous paraît surprenant que le Tyrol méridional ne se soit pas remué davantage, mais le fait est constaté. De l'avis général des Italiens, le Tyrol méridional aspirait vivement à être réuni à l'Italie. Mais en examinant les choses froidement, nous voyons que la réalité a peu répondu à cette allégation... Nous croyons que l'opinion publique en Italie a été induite en erreur par quelques jeunes gens énergiques du Tyrol méridional, qui pensaient que leurs compatriotes avaient les mêmes aspirations qu'eux et qu'ils ne demanderaient pas mieux que de saisir l'occasion d'agir, si elle se présentait. Cette croyance honorable n'a nullement été confirmée par l'attitude de la province en question, et il ne faut pas non plus invoquer dans ce cas l'oppression matérielle de l'Autriche. Pendant tout le mois de juillet, la puissance matérielle de l'Autriche, précisément dans le Tyrol méridional, était excessivement faible et une insurrection aurait eu toutes les chances désirables.

dional, qu'on ne songea pas un seul instant à appeler le
landsturm de cette région et qu'on fit envoyer à l'arsenal de
Vienne 6.000 des fusils destinés, au besoin, à armer ce
landsturm.

Et Trieste, que pourrait-il bien gagner à être annexé à
l'Italie? Quelque chose comme la perte de son privilège de
port libre (1). En outre, l'exemple de l'importance toujours
croissante du port de Trieste, en regard de la décadence
constante du port de Venise depuis douze ans, décadence
constatée par les journaux de tous les partis, est-il fait
pour inspirer à Trieste le désir de changer de maître (2)?
Que deviendrait Trieste si, privé du territoire où il
peut trafiquer librement, il était obligé de partager
encore avec Venise, la reine de l'Adriatique, le peu d'affaires que l'Italie peut amener? Que pourrait attendre l'Istrie
et le port de Pola d'une situation pareille? Au lieu de nous
livrer à des réminiscences historiques, pour savoir à qui
ces provinces sont redevables de leur prospérité actuelle,
nous préférons puiser à une source qui a manifesté les plus
chaudes sympathies pour l'Italie. Nous lisons dans un article
sur l'Istrie, publié par la *Kœlnische Zeitung* en 1878:

« Qui a déboisé les forêts pour se procurer le bois de
construction nécessaire pour ses vaisseaux et ses habita-
tions? Qui a détruit les monuments antiques, enlevé les
blocs de marbre et pillé les bas-reliefs et les statues? Ce
sont les Vénitiens, c'est-à-dire les Italiens. Qui a mis à feu

(1) Malgré une loi parue il y a quelques années, tous les ports libres
du royaume d'Italie ont été déchus de leurs privilèges.

(2) Ainsi, par exemple, le *Temps* de Vienne dans ses numéros du
9 juillet 1877, des 27 janvier et 5 février 1878; la *Libertà*, de Rome
dans ses numéros des 5 et 10 août 1878, etc. *L'Italie* du 26 septembre 1878
dit : « Personne n'ignore que la situation actuelle de Venise inspire
les plus douloureux pressentiments à tous ceux qui voient la décadence
incessante de ses industries et de son commerce... »

et à sang, en 1354, le beau Parenzo ? C'est Paganino Doria,
amiral de la flotte italienne. Qui a détruit de fond en comble
Pola, deux cents ans auparavant ? C'est Domenico Morosini,
doge de Venise. Qui a dévasté de nouveau en 1354 le port
de Pola, qui avait été reconstruit ? Ce sont les Génois, que
cette œuvre de destruction n'apaisa pas, car ils la recom-
mencèrent quelque temps après. Et quelle était la situation
de l'Istrie, lorsqu'en 1797 elle tomba au pouvoir de l'Autriche, après être restée pendant quatre cents ans sous la domination de Venise ? Les Vénitiens avaient complètement
ravagé et dépouillé le port et les côtes du pays, dans leur
propre intérêt. Ils avaient enlevé pour leurs flottes les
hommes et les arbres du pays ; ils s'étaient emparés du sel
et des oliviers, puis il avaient dévasté, saccagé et détruit
tout ce qu'ils ne pouvaient emporter, afin de n'avoir à craindre aucune rivalité. Pourtant il ne manquait pas à Pola de
pierres ni de moellons, mais la république de Venise, pour
économiser les frais d'exploitation des carrières et de
transport jusqu'à la côte, fit renverser les antiquités romaines et détruisit ainsi des trésors que les barbares du
moyen âge avaient respectés. »

En résumé, ce qu'est Trieste aujourd'hui, sa grandeur et
sa prospérité, la part toujours croissante qu'elle occupe dans
le commerce européen, elle le doit à l'acte mémorable par
lequel la ville, sur la motion de ses patriotes les plus éclai-
rés, déclara volontairement se rallier à l'Autriche, pour se
soustraire à jamais aux étreintes de la Vénétie. C'est là la
vérité historique du passé et du présent !

5. *La théorie des compensations.*

L'Autriche-Hongrie ayant occupé la Bosnie et l'Herzég o-
vine en vertu d'un mandat décerné par l'Europe, l'Italie se
croit en droit de réclamer, comme compensation, la cession

du Tyrol méridional et de Trieste. Nous ne nous arrêterons nullement ici à rechercher si, au point de vue matériel, cette cession est justifiée par une raison plausible quelconque, mais nous discuterons simplement le principe.

Du Piémont de 1859, avec cinq millions d'habitants, l'Italie est devenue un grand État de vingt-sept millions d'âmes; elle s'est donc agrandie continuellement, et c'est l'Autriche qui, en grande partie, a fait les frais de ces agrandissements, puisqu'elle a perdu deux grandes et belles provinces. Est-il donc si injuste que l'Autriche, en ouvrant un nouveau débouché à son commerce et à son industrie, cherche à réparer les pertes sensibles que lui a causées la cession du royaume lombard-vénitien à l'Italie? Et pourquoi parler de compensations seulement à l'égard de l'Autriche? Aucune puissance n'en a réclamé lorsque l'Allemagne s'est emparée de l'Alsace-Lorraine; au contraire, l'histoire démontre que c'est la théorie des compensations, proclamée par Napoléon III, qui a conduit la France à la perte de ces deux provinces.

On allègue, il est vrai, que l'occupation de la Bosnie et de l'Herzégovine par l'Autriche a donné le coup de grâce au commerce de l'Italie dans la mer Adriatique. Mais c'est là une phrase qu'il est facile de rétorquer. Les documents statistiques sur le commerce et la navigation démontrent que le trafic de l'Italie avec les ports de la Dalmatie n'avait aucune importance et qu'il se faisait, au contraire, principalement par les ports au sud de Spalato. Ce fait s'explique d'ailleurs par la configuration du terrain et la forme des frontières de la Dalmatie, qui s'avancent fort loin vers l'est. Mais en admettant même qu'auparavant le commerce italien ait trouvé des débouchés en Herzégovine, ces débouchés ne peuvent que gagner à ce qu'un champ plus vaste dans ce pays soit ouvert aux importations et aux exportations. Un commerce bien entendu et une industrie qui se trouve dans de bonnes conditions prospèrent toujours sans difficulté, et nous serons certainement les derniers à chercher querelle aux Italiens sur ce terrain. Les mers et les pays voisins communs aux deux Etats sont assez vastes pour que le commerce des deux nations puisse exister de concert, sans dommage et sans rivalité.

Mais ce qui prouve encore d'une manière plus frappante que le gouvernement autrichien est prêt à donner à l'Italie, sur ce terrain, des témoignages pratiques de ses dispositions amicales, ce sont les préliminaires qui ont précédé la conclusion des traités de commerce les plus récents. Non seulement on a fait à l'Italie des concessions considérées jusqu'alors comme impossibles, mais encore on a conclu ces traités dans des conditions telles qu'ils puissent s'appliquer, dans toutes leurs dispositions même les plus favorables, aux traités de même nature qui doivent être conclus avec la France et la Suisse.

Il n'est pas plus difficile de dissiper la crainte qu'a l'Italie de voir l'Autriche-Hongrie devenir prépondérante dans la mer Adriatique par cette occupation. On sait que l'Italie possède la plus grande partie des côtes de la mer Adriatique, et cette situation ne peut pas être modifiée parce que l'Autriche occupe le port de Kleck (qui depuis longtemps déjà était sous sa dépendance) et la baie insignifiante de Spizza. Il n'y a pas à nier que la Dalmatie, qui, par suite des mauvaises conditions de communications, n'était reliée jusqu'alors au reste de la monarchie que par la voie maritime, ne soit devenue beaucoup plus forte dans le sens défensif en s'annexant le pays en arrière. Mais à aucun point de vue cela ne peut constituer une menace ni un danger pour l'Italie. D'un autre côté, l'histoire prouve que l'Autriche n'a jamais pris l'offensive au point de vue politique. Or, dans ce cas,

l'offensive ne peut être comprise que dans le sens maritime
et militaire, si l'on craint que la prétendue supériorité de
l'Autriche s'exerce sur le littoral. Que l'Italie se rassure :
nous ne voulons attaquer ni Venise ni Ancône, et dans les
conditions nouvelles qui nous sont faites, nous ne construi-
rons pas un vaisseau de plus que dans les conditions ordinaires, malgré l'accroissement rapide de la marine italienne.

D'ailleurs, en occupant la Bosnie et l'Herzégovine, l'Autriche s'est inspirée d'un ordre d'idées plus élevé que celui
des préoccupations mercantiles ordinaires ; le gouvernement
impérial a obéi à l'idée de remplir une mission de civilisa-
ion, à laquelle toutes les nations éclairées doivent rendre
hommage et ne peuvent qu'accorder leurs plus sincères
sympathies. Ce n'est d'ailleurs pas la première fois qu'une
pareille mission s'impose à l'Autriche ; la situation des provinces qu'elle a soustraites à l'administration turque à un
moment donné, prouve comment elle sait s'acquitter de sa
tâche. Le pays, sillonné de routes excellentes, sur lesquelles
se trouvent de grands villages, bien bâtis, d'un aspect
agréable, ayant chacun leur maison d'école, l'agriculture
développée, le commerce en pleine activité, tel est le tableau
rassurant qui s'offre aux yeux du voyageur qui parcourt les
confins militaires. Pourtant les circonstances n'ont pas été
bien favorables, car il y a moins de trente ans encore, tous
les hommes en état de porter les armes, c'est-à-dire les plus
valides, étaient obligés de constituer un cordon sanitaire
pour empêcher la peste de sortir de la Turquie, ce qui
les éloignait la plus grande partie de l'année de leurs occupations normales.

Bien que la nature ait traité la Bukowine en marâtre, cette
région présente le même aspect sous le rapport de la fertilité du sol. Le cultivateur n'arrive en général que difficilement à arracher son existence à un terrain aride, mais le plus

pauvre même a une maison et des champs dont les produits, le nourrissent d'une récolte à l'autre, lui rendent cher son pays natal et lui ôtent toute idée d'expatriation. De belles routes traversent les régions montagneuses, le commerce est florissant, l'industrie est partout en pleine activité, l'ordre et la sécurité assurent le développement de toutes les affaires publiques et privées (1).

Il est certain qu'une telle situation n'a pu se créer qu'à l'aide d'une administration loyale, morale et éclairée, soutenue naturellement par les excellentes dispositions d'une population laborieuse et bien douée. Aussi le gouvernement impérial a tout intérêt à rester fidèle, dans l'avenir, à des traditions si honorables et si profitables. Il construira donc, dans les pays occupés, des routes et des chemins de fer, des villages et des écoles ; il assurera la sécurité des personnes et des biens ; il apprendra aux habitants à connaître et à respecter le droit et la loi, que les haines religieuses avivées par une main fratricide ont fait perdre de vue ; en un mot, il se propose de remplacer l'anarchie qui règne dans ces pays par une réforme sociale et administrative complète.
« *Per aspera et astra,* » telle est la devise qui nous guide

(1) On doit comprendre notre étonnement à la lecture des lignes suivantes, dans le numéro du 27 janvier 1879, de la *Riforma*, organe de M. Crispi : « L'Autriche devrait bien finir par comprendre que son influence civilisatrice est des plus restreintes. Par le fait, la Bukowine, qui est en son pouvoir depuis un siècle, est aussi sauvage et aussi arriérée qu'à l'époque de la domination turcque. »
Il est impossible que l'auteur de ces lignes ait émis cette appréciation après s'être rendu compte personnellement de l'état des choses, sinon il aurait été obligé de rendre justice à la contrée et au gouvernement. Nous voulons bien admettre que la Sicile, pays de l'auteur, a été mieux traitée par la nature que notre modeste pays de montagnes ; pourtant il lui aurait suffi de jeter un coup d'œil sur les données statistiques de nos ministères du commerce, de l'instruction et de la justice pour être persuadé que la Bukowine et son gouvernement n'ont aucunement à rougir de l'état intellectuel actuel de cette province, et qu'ils ne redoutent pas la comparaison avec les autres nations.

dans cette entreprise, qui nous a déjà coûté beaucoup de
sang et d'argent, mais dans laquelle nous ne ménagerons
pas davantage notre patience et nos forces.

Il est d'ailleurs trop commode d'affirmer que personne,
dans ces provinces, ne réclamait la civilisation autrichienne,
et d'en conclure qu'il aurait été beaucoup plus juste et convenable de laisser ces peuples dans leur état de dépendance
et d'oppression. Avec des théories pareilles, on peut affirmer aussi que l'instruction obligatoire porte atteinte à la
liberté individuelle des parents qui préfèrent laisser leurs
enfants dans une ignorance crasse.

Il est encore bien plus commode de dire que l'ingérence
de l'Autriche aurait pu et dû être évitée en constituant la
péninsule des Balkans en une espèce de confédération semblable à la Suisse. Il n'existe en Suisse que trois races différentes, mais parfaitement civilisées, tandis que la péninsule
des Balkans comprend des Valaques, des Serbes, des Grecs,
des Bulgares, des Albanais, des Tcherkesses, des Tartares,
des Turcs, etc., ayant chacun un langage, une religion et
des mœurs différents. De plus, chacun de ces peuples se
divise en une quantité de tribus qui substituent à la concep-
tion de la nationalité celle de l'indépendance la plus complète à l'égard de toute autorité constituée. Comment pour-
rait-on en pareil cas appliquer l'organisation de la Suisse ?
Dans tout cela, il y a des paroles et rien que des paroles !
Aujourd'hui déjà, les plus chauds partisans de cette idée
sont obligés de reconnaître leur erreur et de convenir
qu'avant peu il faudra gouverner ces races à moitié barbares
non exclusivement par la liberté, mais surtout par l'autorité.
Il était temps que la Russie s'occupât d'organiser la Bulgarie,
province, au dire de la *Gazetta della Capitale*, qui se montra
assez peu digne de la liberté.

Pour arriver à un bon résultat dans de telles conditions,

il fallait confier l'administration de ces pays à une puissance ne laissant rien à désirer sous le rapport de l'instruction et de la civilisation. Par sa situation, l'Autriche-Hongrie était naturellement désignée pour remplir cette mission civilisatrice. Comment peut-on songer *à priori* à faire entrer en ligne de compte son intérêt propre, lorsqu'on sait que l'histoire seule peut enregistrer dans la suite des temps les résultats obtenus ? L'Italie ne doit sa grandeur historique et sa situation actuelle qu'à son culte pour la civilisation; elle ne peut pas répudier ce principe et nous espérons qu'elle accueillera notre mission délicate avec les mêmes sympathies que nous témoignons pour le but semblable qu'elle poursuit sur les côtes au delà des mers.

Nous croyons avoir suffisamment démontré l'inanité des griefs que l'Italie reproche à l'Autriche, et qui auraient pour conséquence de jeter les deux pays dans des complications inextricables. Nous disons *inextricables*, car en admettant même qu'une guerre heureuse ait pour résultat de remettre le Tyrol méridional au pouvoir de l'Italie, la question ne serait pas résolue pour tout autant. L'Autriche aurait alors à sa frontière sud-ouest un voisin mécontent et remuant au lieu d'un riverain ami et paisible. En effet, on pourrait invoquer de nombreuses raisons pour avancer jusqu'au Danube. Or, la route du Danube et celle qui pénètre jusqu'au cœur de la monarchie, étant à peine couvertes sur leur flanc occidental, seraient donc autant dire ouvertes; c'est là une éventualité qui, au point de vue militaire, deviendrait à la longue intolérable. Il est plus important encore de remarquer que l'Autriche-Hongrie ne peut consentir à céder aucune partie de son territoire en vertu du principe des nationalités, car elle n'est pas elle-même constituée sur une base nationale homogène et, en reconnaissant la vertu de ce principe, elle donnerait prise à toute espèce de revendication du même genre, qui conduirait fatalement à la dislocation de l'empire. Il en résulterait forcément des dissentiments politiques qui amèneraient des luttes incessantes et creuseraient entre les deux nations si heureusement réconciliées, un abîme semblable à celui qu'a créé, entre la France et l'Italie, l'occupation de Rome juste à l'heure de la défaite et de la faiblesse du voisin auquel l'Italie avait de si grandes obligations. Cet abîme est tellement profond que, malgré tous les efforts et les intérêts communs des races latines, il n'est pas encore comblé (1). En effet l'histoire nous enseigne que les affinités de races n'ont jamais empêché une guerre : témoin les guerres de l'Espagne avec la France, de la France avec la Savoie, dont les princes restèrent fidèles à la maison d'Autriche jusqu'à la deuxième moitié de ce siècle, et avec les successeurs desquels l'Autriche ne demande pas mieux que de conserver les bonnes relations qu'elle a toujours *fidèlement entretenues* avec leurs prédécesseurs.

Nous allons maintenant exposer brièvement les conditions dans lesquelles se trouve l'Italie au point de vue militaire, parce que cette étude nous paraît présenter un intérêt indubitable. Nous bornerons cette étude à l'examen de ce qui est indispensable pour faire saisir l'ensemble de la situation militaire, et par suite, au point de vue géographique, nous donnerons simplement une description sommaire des côtes de l'Italie, parce que leur topographie est généralement moins connue que celle de l'intérieur du pays.

(1) Nous croyons qu'il n'est pas besoin d'assurer de la manière la plus formelle que, pas plus dans ce que nous venons de dire que dans ce que nous écrirons plus loin, nous n'avons eu en vue de nous occuper de rivalité ou autre considération politique sur les rapports de la France avec l'Italie ou entre n'importe quelles nations. Le but de cette étude n'est nullement de faire une incursion dans le monde diplomatique ou de préparer des matériaux pour écrire l'histoire, mais simplement d'exprimer la vérité telle qu'elle ressort des choses que nous connaissons.

L'ARMÉE ITALIENNE

L'étude qui va suivre a simplement pour but de donner une idée générale des forces militaires de l'Italie ; on n'y trouvera donc que les renseignements indispensables concernant surtout les fractions combattantes.

Service militaire.

D'après la loi du 26 juillet 1876, tous les hommes en état de porter les armes sont liés au service à partir de l'âge de vingt et un ans jusqu'à trente neuf ans révolus. Les dix-neuf classes qu'ils constituent forment :

1° L'armée permanente, ou armée de première ligne ;

2° La milice mobile, ou armée de seconde ligne ;

3° La milice territoriale (1).

Sont exclus du service militaire les hommes valides qui ont subi des condamnations infamantes ; par exemple, ceux qui sont reconnus coupables de faux, d'attentats à la sûreté de l'État, de meurtres, de vols ou qui ont commis des fautes contre l'honneur, afin, dit le texte de la loi, de former une armée méritant toute l'estime de la nation et de confier la sûreté de l'État à des hommes dignes de cette haute mission. Les jeunes jens entrés dans leur vingtième année (2) et reconnus aptes au service sont incorporés dans l'armée et répartis suivant les besoins du service entre les trois catégories ci-dessus. C'est le tirage au sort qui fait classer les

(1) La loi a prévu aussi l'organisation de ce qu'elle appelle des *milices communales*. Celles-ci sont formées des hommes valides exemptés qui restent dans leurs foyers après que la mobilisation est effectuée, et sont chargées de maintenir l'ordre public etc. A proprement parler, elles tiennent lieu d'une milice bourgeoise et n'ont, par suite, rien de commun avec l'organisation de l'armée à ce point de vue. Jusqu'à présent il n'a été rien fait pour donner un corps à cette organisation purement factice.

(2) Le recrutement a lieu dans l'automne de l'année où les appelés ont atteint leur vingtième année. L'appel des jeunes soldats se fait au mois de décembre ou de janvier suivant.

jeunes gens dans la première et la deuxième catégorie, tandis que la troisième se compose de tous ceux qui ont été exemptés du service militaire par la loi.

Le contingent annuel de recrues affectées à la première catégorie est fixé à 65.000 hommes incorporés dans l'armée permanente. Chaque année, une loi spéciale est nécessaire pour appeler ce contingent sous les drapeaux.

L'effectif du contingent de la deuxième catégorie est la différence entre le chiffre total de tous les hommes aptes au service et la somme du contingent des première et troisième catégories.

Nous allons faire saisir mieux cette explication par un exemple : la classe de 1877 se composait en définitive de 171.651 jeunes gens propres au service. On en affecta 60.950 à la première catégorie et 57.834 exemptés temporairement à la troisième; le reste, soit 52.267 hommes, forma le contingent de la deuxième catégorie.

Le service militaire de dix-neuf ans se répartit comme il suit dans les différentes catégories :

La première catégorie sert effectivement pendant trois ans dans l'armée permanente, où elle compte encore pendant cinq ou six ans en congé illimité; elle passe ensuite quatre ou trois ans dans la milice mobile et sept ans dans la milice territoriale, toujours en congé illimité.

Il faut citer à cette règle les exceptions suivantes :

1° La cavalerie, qui fait cinq ans de présence et quatre ans de congé illimité dans l'armée active, puis dix ans en congé illimité dans la milice territoriale ;

2° Les carabiniers (gendarmes), sous-officiers, armuriers, etc., qui sont astreints à un service de huit ans de présence dans l'armée active et passent le reste de leur temps en congé illimité au titre de la milice territoriale.

Deuxième catégorie. — Les hommes qui en font partie

sont des troupes de réserve, aussi bien pour l'armée active que pour la milice mobile, et demeurent affectés pendant cinq ans à la première et quatre ans à la dernière. Ils sont toujours en congé illimité, excepté pendant le temps consacré à leur instruction, qui ne doit pas dépasser cinq mois. Mais en réalité ces hommes n'ont jamais été appelés pendant plus de cinquante jours (pour des raisons budgétaires) et même les contingents des classee 1855, 1856 et 1857 n'ont pas été appelés. Les hommes de la deuxième catégorie passent les dix années de service qui leur restent à faire dans la milice territoriale (1).

Troisième catégorie. — En temps de paix, les hommes de cette catégorie restent en congé illimité pendant leurs dix-neuf années de service, mais ils peuvent pendant ce temps être appelés, au plus pendant trente jours, pour être exercés surtout au maniement des armes et au tir à la cible.

(1) L'appel de la deuxième catégorie a été suspendu en 1877 et en 1878 pour des raisons budgétaires. Mais le Parlement a inscrit au budget de 1879 une somme de 3.172.050 francs pour l'instruction d'une classe de cette catégorie pendant quatre-vingt-dix jours, attendu que « l'effectif de cette partie du contingent était trop considérable par rapport à celui de la première catégorie pour qu'on pût se dispenser plus longtemps de l'appeler sous les drapeaux, sans porter une atteinte grave au principe du service obligatoire et sans nuire à la solidité des réserves de l'armée. »

Parmi les quatre classes 1855, 1856, 1857, 1858 de la deuxième catégorie non instruites, on a appelé la dernière, parce qu'elle doit faire le plus longtemps partie de l'armée permanente. Cette classe, déduction faite des pertes, comprenait environ 42.000 hommes, qui ont été répartis dans l'infanterie, les bersagliers, l'artillerie et le génie.

L'appel a eu lieu le 5 juin, en une seule série, bien que la loi ait décidé en principe « qu'il aurait lieu autant que possible en plusieurs séries, pour ne pas entraver l'exercice des professions.» Mais cette division, possible quand l'instruction était donnée dans les districts de recrutement, présenterait de sérieux inconvénients maintenant que la deuxième catégorie est versée dans les régiments. Les hommes, réunis dans les chefs-lieux de canton, ont été dirigés d'abord sur leurs districts, pour y être habillés et équipés, puis envoyés dans les corps les plus voisins de leur arme, pour éviter des déplacements onéreux.   (*Note du trad.*)

D'après ce qui précède :

1° *L'armée active* se compose de huit classes de la première catégorie (1) pour toutes les armes, à l'exception de la cavalerie, qui compte neuf classes ayant fait trois ans de présence dans les autres armes que la cavalerie où elles en passent cinq ; elle comprend en outre cinq classes de la deuxième catégorie comme réserve de complément (2).

2° *La milice mobile* se compose de quatre classes de la première catégorie qui ont terminé leur temps de présence dans l'armée active, et de quatre classes de la deuxième catégorie comme réserve. En temps de paix, tous les hommes de cette milice sont en congé illimité.

3° *La milice territoriale* comprend sept classes de la première catégorie (pour la cavalerie dix classes), dont les hommes ont fait trois ans de présence (ceux de la cavalerie cinq ans) ; puis dix classes de la deuxième catégorie qui ont pu être appelées pendant cinquante jours ; enfin dix-neuf classes de la troisième catégorie ayant été exercées au plus pendant trente jours. Il convient pourtant de faire remarquer que la loi de juin 1875, qui a porté le service militaire de douze à dix-neuf ans en créant la milice territoriale et la troisième catégorie, n'a pas d'effet rétroactif. La classe la plus ancienne de la milice territoriale est donc celle qui appartenait à l'armée au moment de la publication de la loi, soit à l'effectif présent soit en congé illimité.

Au 1er janvier 1879, la milice territoriale, qui lorsqu'elle

---

(1) Actuellement, il est affecté neuf classes au lieu de huit à l'armée active, et par suite la milice mobile ne comprend que trois classes de la première catégorie au lieu de quatre, fait qui peut avoir une certaine importance au point de vue de la valeur tactique de cette milice.

(2) *La troupe de complément* n'a pas de cadres particuliers ; elle ne forme par elle-même aucune unité tactique et représente simplement une *réserve d'hommes* destinée à remplir, au fur et à mesure des besoins, les vides survenus en temps de guerre dans l'armée permanente et dans la milice mobile   (*Note du trad.*)

sera complète en 1894 comptera en chiffres ronds
1.400.000 hommes, n'avait qu'un effectif de 545.000 hommes,
savoir : les classes de la première catégorie de 1843, 1844,
1845, et 1846 pour l'infanterie, et de 1845, 1846, 1847, 1848
et 1849 pour la cavalerie, formant un total d'environ
136.000 hommes;

Les classes de la deuxième catégorie de 1846, 1847, 1848,
1849, comprenant ensemble environ 179.000 hommes, dont
la classe 1847 n'a pas été appelée et les autres n'ont été
exercées que pendant six semaines ;

Les classes de la troisième catégorie de 1855, 1856, 1857,
1858, formant ensemble environ 230.000 hommes, qui n'ont
reçu aucune instruction militaire.

*Effectif général de l'armée et durée du service actif et par
suite de l'instruction militaire des diverses classes.*

A la fin de l'année 1878, l'effectif total de l'armée italienne
était de 1.357.000 hommes. Si on y ajoute les 150.000 hommes
de la classe 1858, appelée entièrement, on arrive au chiffre
de 1.507.000 hommes (1), qui se décomposent comme il
suit :

1° *L'armée active,* comprenant les classes de 1850 à 1858
de la première catégorie (y compris les carabiniers et les
services auxiliaires), soit 498.000 hommes, puis les cinq
classes de la deuxième catégorie de 1854 à 1858 comme réserve de complément, soit 232.000 hommes; le tout ensemble
donnant un total de 730.000 hommes.

Les neuf classes de la première catégorie dont il a été
question ont le temps de présence ci-après (2) :

(1) D'après ce que nous avons dit précédemment, ce n'est qu'en 1894
que l'on pourra commencer à congédier définitivement des classes ⌡
jusqu'alors l'effectif de l'armée ne peut que s'accroître.

(2) Ces données s'appliquent exclusivement aux troupes du génie et
de l'artillerie à pied, car nous avons fait connaître déjà que la cavale-

La classe de 1850 : 2 ans 8 mois, à l'exception de 20.000 hommes, qui ne sont restés que trois mois sous les armes.

La classe de 1851 : 2 ans 7 mois et demi, à l'exception de 20.000 hommes qui n'ont eu que trois mois d'instruction militaire.

La classe de 1852 : 2 ans 6 mois, sauf 6.000 hommes qui ont fait deux ans de service actif.

La classe de 1853 : 2 ans 7 mois, sauf 5.000 hommes qui ne sont restés que 19 mois sous les drapeaux.

La classe de 1854 : 2 ans 10 mois (l'artillerie de campagne 3 ans 15 jours), à l'exception de 12.000 hommes, qui n'ont fait que 20 mois de présence.

Les classes de 1855 et de 1856 : 2 ans 5 mois.

La classe de 1857 : 1 an 5 mois (au mois de juin 1879).

La classe de 1858, la dernière appelée : 5 mois. Les classes de 1856, 1857 et 1858 sont actuellement sous les drapeaux (1).

Le fusil Vetterli n'ayant été adopté définitivement qu'en 1871, et l'armement du pied de paix n'ayant été achevé avec ce fusil qu'en 1874-75, les classes de 1850 et 1851 ne connaissent naturellement pas cette arme, et les classes de 1852 et 1853 n'en ont qu'une connaissance insuffisante, parce qu'au moment de leur départ, il n'y avait que quelques-uns de ces

---

rie, les carabiniers, les sous-officiers, etc., comptent huit ans de présence.

(1) Aux hommes de troupe qui se recrutent par voie des appels, il faut ajouter :

1° Les volontaires d'un an, qui font partie de la première catégorie, mais ne restent qu'un an sous les drapeaux.

2° Les engagés volontaires *avec ferma temporanea*, qui ont les mêmes obligations de service que les soldats de la première catégorie.

3° Les engagés volontaires *avec ferma permanente* (sous-officiers, carabiniers (gendarmes), chefs armuriers, musiciens, etc.), qui servent activement pendant huit ans consécutifs dans l'armée permanente, peuvent ensuite contracter un ou plusieurs engagements, et passent directement dans la milice territoriale   (*Note du trad.*)

fusils en service par compagnie. D'ailleurs, l'instruction des classes plus récentes, dans le maniement et le tir du Vetterli, est bien inégale, parce que la répartition de ces armes dans les divers régiments s'est faite à des époques et dans des proportions très diverses. Cependant tous les hommes qui font partie des compagnies alpines ont été appelés pendant un certain temps pour se familiariser avec la nouvelle arme.

Des cinq classes de la deuxième catégorie formant la réserve de l'armée de première ligne, les classes de 1854 et de 1858 ont été appelées pendant 45 jours, les classes 1855, 1856 et 1857 n'ont reçu aucune instruction militaire.

2° *La milice mobile* a un effectif total de 232.000 hommes Les classes 1847, 1848 et 1849 de la première catégorie. soit 75.000 hommes, ont été appelées savoir :

1847 : 3 ans 8 mois ⎱
1848 : 3 ans 1 mois ⎰ mais ont été exercés avec l'ancien
1849 : 2 ans 10 mois ⎰   fusil.

Les quatre classes de la deuxième catégorie, de 1850 à 1853, comprenant ensemble 157.000 hommes, et formant la réserve de l'armée de deuxième ligne (milice mobile), on reçu une instruction militaire variant entre 30 et 50 jours

3° *La milice territoriale* se compose des classes indiquées dans le chapitre précédent, dont nous avons donné aussi le degré d'instruction; son effectif est de 545.000 hommes.

Récapitulation :

Armée active. . . . . 730.000 hommes.
Milice mobile. . . . . 232.000   —
Milice territoriale.. . . . . . . 545.000   —
              Total. . . . 1.507.000 hommes.

*Organisation tactique, pied de guerre et formation
de guerre* (1).

1° *L'armée de première ligne* (*armée active*) a en temps
de paix le même nombre d'unités tactiques qu'en temps de
guerre, et par suite en cas de mobilisation, il n'y a aucune
nouvelle formation à faire, à l'exception des sections de
guides pour la cavalerie : ces unités sont :

80 régiments d'infanterie de 3 bataillons à 4 compagnies (2 régiments de grenadiers et 78 de ligne).	191.420 hommes.
10 régiments de bersagliers, de 4 bataillons à 4 compagnies.	31.920 —
10 bataillons alpins, formant 36 compagnies.	9.000 —
20 régiments de cavalerie à 6 escadrons.	14.400 cavaliers.
10 régiments d'artillerie de campagne à 8 pièces.	800 pièces.
4 régiments d'artillerie de forteresse à 15 compagnies, dont chacun forme 2 batteries de montagnes à 6 pièces.	48 —

Total. . . .		
	Infanterie.	232.340 hommes.
	Cavalerie. . . : . .	14.400 cavaliers.
	Pièces de campagne.	800 pièces.
	Pièces de montagne.	48 —

Il existe en outre 2 régiments du génie à 20 compagnies,

(1) Pour ne donner que le chiffre réel des combattants à mettre en ligne,
nous avons négligé les districts militaires, les détachements du train,
es guides d'état-major, les infirmiers, ouvriers d'administration, les états-
majors et les dépôts des régiments, etc. Naturellement, les officiers ne
sont pas compris dans le chiffre des hommes que nous avons indiqué.

L'effectif combattant d'un bataillon d'infanterie comprend 22 officiers
et 798 soldats armés de fusils ; la compagnie 5 officiers et 199 hommes
armés de fusils, dont 145 hommes ayant servi ; les bersagliers ont le

dont 4 de pionniers, 14 de sapeurs et 2 de chemins de fer.

Il n'y a pas dans l'armée italienne de corps du train des équipages, mais le service des transports pour les divers services de l'armée est assuré par les compagnies du train affectées aux régiments d'artillerie et du génie.

2° L'*armée de deuxième ligne* (milice mobile), qui en temps de paix est toujours en congé, ainsi que ses cadres, ne comprend que des troupes d'infanterie, du génie et d'artillerie, à l'exception de la milice spéciale à la Sardaigne (1). En temps de guerre elle formerait :

120 bataillons d'infanterie de ligne (480 compagnies de 200 hommes, dont 145 ayant servi). . . . . 96.000 hommes.

20 bataillons de bersagliers (80 compagnies de 200 hommes). . . . . 16.000 —

36 compagnies alpines de réserve (2) à 200 hommes. . . . . 7.200 hommes.

30 batteries. . . . . 240 pièces.

Total. . . . . { Infanterie. 119.200 hommes.
{ Artillerie. 240 pièces.

Il y a en outre 20 compagnies d'artillerie de forteresse et 10 compagnies du génie.

---

même effectif. Le pied de paix de la compagnie n'est que de 100 hommes
    L'effectif d'une compagnie alpine est de 5 officiers et 250 hommes, aussi bien sur le pied de paix que sur le pied de guerre.
    L'escadron sur le pied de guerre compte 5 officiers et 120 cavaliers, dont 84 simples soldats; le pied de guerre est sensiblement le même.
    (1) La milice spéciale de la Sardaigne forme une brigade indépendante comme il suit : 9 bataillons d'infanterie; 2 compagnies de bersagliers; 1 escadron de cavalerie; 2 batteries; 2 sections du génie; 2 sections d'infirmiers; 1 section de carabiniers, formant ensemble environ 8.000 hommes.
    (2) Ces compagnies alpines de réserve, qui avec le temps doivent être portées à 72, n'appartiennent pas, à vrai dire, à la milice mobile, car elles ne sont pas constituées avec des hommes de cette dernière, mais bien avec des hommes faisant partie des 4°, 5°, 6°, 7°, 8° et 9° classes les moins

Dans l'infanterie et la milice mobile, c'est le régiment qui constitue l'unité tactique. Cette organisation a été motivée surtout par suite de la pénurie d'officiers, particulièrement de ceux des grades subalternes. Les bataillons de la milice mobile sont organisés territorialement par districts militaires. Ainsi, le district militaire de Turin forme les 1er, 2e et 3e bataillons, celui de Vercelli le 6e bataillon, celui de Bénévent le 89e bataillon, etc. La répartition des bataillons a été faite également entre les divers corps d'armée, qui comptent chacun 12 de ces bataillons.

En ce qui concerne la valeur actuelle de la milice mobile, nous avons déjà fait ressortir, dans un chapitre précédent, que trois seulement des classes qui en font partie, c'est-à-dire 75.000 hommes de la première catégorie, ont fait trois ans de service actif et ont une instruction suffisante. Les quatre autres classes de la deuxième catégorie n'ont été exercées que pendant 40 à 50 jours, et sont pour ainsi dire des recrues. Nous rappellerons à ce sujet que l'infanterie de la milice mobile devrait à elle seule compter 128.000 hommes, qu'il en faut en outre 10.000 pour les autres troupes et les services auxiliaires, et qu'enfin les classes les plus anciennes en congé perdent de leur effectif sur le papier une proportion qu'on peut évaluer à 20 p. 100, nous pouvons conclure que les compagnies de milice mobile ne compteraient pas plus de 100 hommes de la première catégorie (1). On

anciennes. Mais comme elles sont affectées à l'armée de deuxième ligne, il a bien fallu les classer dans la milice mobile. Leurs officiers seront pris en grande partie dans l'armée active et les hommes qui y sont affectés ayant servi activement pendant trois ans dans les compagnies alpines auront une valeur tactique de beaucoup supérieure à celle de la milice mobile.

(1) Il y a lieu de remarquer en outre que ces classes les plus anciennes de la première catégorie affectées à la milice mobile, ne prennent part à aucun exercice à partir de leur renvoi dans leurs foyers, c'est-à-dire pendant 7, 8 ou 9 ans.

se trouverait alors dans l'alternative soit de réduire de
moitié la quantité pour avoir une qualité meilleure, c'est-à-
dire de ne conduire en campagne que 60.000 hommes au
lieu de 128,000, soit de constituer la compagnie au moins
pour moitié de recrues.

3° *La milice territoriale.* — Il n'y a encore rien de définitif touchant l'organisation à donner à cette milice ; elle
doit comprendre 1.200 compagnies, mais la plus grande difficulté qui s'oppose à leur organisation, c'est qu'on n'arrive
qu'à moitié, comme quantité et comme qualité, à leur trouver des cadres d'officiers.

Il ne faut d'ailleurs à aucun point de vue considérer la
milice territoriale comme une levée purement locale dans
le sens du landsturm, car le ministre de la guerre a le
droit d'appeler seulement les hommes de certaines communes
où de certains districts militaires, ou encore de certaines
classes et de certaines catégories ; au besoin il peut requérir
uniquement les cadres. De même, la milice territoriale, faisant partie intégrale de l'armée et étant considérée comme
sa réserve suprême, peut être appelée à servir dans tout
l'intérieur du pays, et non pas seulement dans sa circonscription.

Évidemment, en cas de réorganisation ou d'appel éventuel de la milice territoriale, on tablerait avant tout sur les
sept (1) classes de la première catégorie, qui ont fait trois ans
de service actif et qui, défalcation faite des pertes, pourraient donner plus de 200.000 hommes. Les classes de la
deuxième catégorie ne seraient en mesure que de fournir
un faible contingent, et celles de la troisième catégorie n'en-
treraient probablement pas en ligne de compte. L'excédant

(1) Comme nous l'avons indiqué plus haut, jusqu'en 1879, il n'a été
affecté que quatre classes de la première catégorie (avec un effectif de
136.000 hommes environ) dans la milice territoriale ; ce n'est qu'en 1881,
qu'elle comprendra sept classes de la première catégorie.

très considérable disponible d'hommes de la deuxième et de la troisième catégorie ne sera évidemment qu'en dernier lieu employé à remplir les vides qui se produiront dans l'armée active, puisque l'administration de la guerre trouvera dans les classes de la première catégorie une réserve presque inépuisable d'hommes déjà exercés pour compléter et renforcer l'armée, sans être obligée de perdre pendant une guerre un temps précieux à recruter et à instruire des hommes qui n'ont pas servi en temps de paix. *C'est en cela, et nullement dans l'organisation prévue par la loi, que consiste l'importance de la milice territoriale comme troisième ban, et par suite la durée du service portée à dix-neuf ans.*

D'après ce qui précède, et sans tenir compte du chiffre de 1.507.000 hommes que nous avons indiqué, l'Italie pourrait actuellement conduire en campagne les forces ci-après, réellement instruites et organisées, desquelles il y a lieu naturellement de déduire les garnisons affectées aux différentes places fortes, que l'on se propose de ne pas composer exclusivement de détachements de la milice mobile :

Armée de première ligne : 290 bataillons, 120 escadrons, 108 batteries, c'est-à-dire 232.340 hommes d'infanterie, 14.400 cavaliers, 800 pièces de campagne, 48 pièces de montagne et 2 régiments du génie;

Armée de deuxième ligne (milice mobile, y compris la milice spéciale de la Sardaigne) : 149 bataillons et demi d'infanterie, 36 compagnies alpines, 1 escadron de cavalerie et 32 batteries, c'est-à-dire 127.000 fantassins, 120 cavaliers, 256 pièces de campagne.

L'armée de première ligne est partagée en 10 corps d'armée à 2 divisions, dont 3 ou 4 de ces corps d'armée formeraient une armée en temps de guerre.

L'armée de deuxième ligne est divisée en 10 divisions à 2 brigades. Mais il y a encore bien des lacunes dans cette organisation qui n'est que facultative jusqu'à présent, car la loi dit : « On pourra former 10 divisions de milice mobile. » L'organisation par régiment est également facultative. On ne peut par conséquent pas tabler sur ce qui existe comme si l'organisation actuelle était ce qu'elle devrait être. On a bien créé quelques régiments, formé des brigades ou des divisions et des armées d'opération ; mais la plus grande partie de la milice mobile reste organisée en bataillons séparés ou accolés à des corps de troupe.

Un corps d'armée de première ligne comprend 2 divisions d'infanterie, des troupes de réserve et les services accessoires.

Une division se compose de 2 brigades d'infanterie à 2 régiments de 3 bataillons de 2 escadrons de cavalerie, de 1 brigade d'artillerie, de 3 batteries (24 pièces dont 2 batteries de pièces de 7 centimètres et une de 9 centimètres) (1), enfin du parc d'artillerie et des détachements sanitaires et d'administration.

Les troupes de réserve du corps d'armée consistent en 1 brigade de cavalerie (2 régiments de 4 escadrons, soit 8 escadrons) (2), 1 régiment de bersagliers à 4 bataillons, 1 brigade d'artillerie à 4 batteries (2 batteries de 7 centimètres et 2 de 9 centimètres), 1 brigade du génie (2 compagnies de sapeurs avec un parc du génie) et 1 équipage de pont avec le matériel nécessaire pour construire un pont de 150 mètres de longueur.

Les services administratifs d'un corps d'armée compren-

---

(1) La proportion des batteries légères aux batteries lourdes, aussi bien dans l'artillerie divisionnaire que dans l'artillerie de corps d'armée, est changée en ce sens que ce sont alors les calibres lourds qui dominent.

(2) Deux escadrons de chaque régiment de cavalerie sont alors enlevés à ces derniers pour constituer la cavalerie divisionnaire des troupes d'infanterie.

nent un parc d'artillerie, des détachements d'infirmiers et d'ouvriers, les colonnes de voitures de subsistances.

Les divisions de l'armée de deuxième ligne sont, à l'exception de la cavalerie, composées de la même manière que celles de l'armée de première ligne.

Un commandement d'armée comprend le quartier général et l'intendance d'armée, avec un parc d'artillerie et du génie. Il n'y a pas de troupes de réserve d'armée. Le commandement supérieur est exercé par le grand quartier général et l'intendance générale de l'armée.

La réserve de l'armée.

Au point de vue de la réserve de l'armée, le pays est partagé en quatre-vingt-huit districts militaires, qui à leur tour sont répartis entre cinq grandes zones de recrutement. Ces dernières, ainsi que les districts militaires qui les composent, fournissent en parties à peu près égales les réserves nécessaires pour compléter les corps de troupe qui y sont stationnés. Les compagnies alpines proviennent toutes du nord de l'Italie. Ce sont les seules troupes qui aient le recrutement régional.

Il n'y a actuellement que soixante-dix-sept districts militaires organisés sur quatre-vingt-huit ; la formation de ceux qui manquent aura lieu successivement, mais se fera encore attendre quelque temps (1).

Les cinq zones de recrutement sont :

1º Le Piémont,
2º Le royaume lombard-vénitien,
3º L'Italie centrale,
4º La province de Naples,
5º La Calabre et les Deux-Siciles.

(1) Quatre de ces districts ont été créés depuis, de sorte qu'il n'en manque plus que sept. (Note du trad.)

Ainsi, par exemple, le 1er régiment d'infanterie reçoit ses recrues des districts militaires d'Alexandrie faisant partie de la 1re zone; de Bergame pour la 2e; de Sienne pour la 3e; de Naples pour la 4e, et de Palerme pour la 5e. Les 78 autres régiments se recrutent également dans cinq districts militaires appartenant chacun à une zone différente, tandis que les régiments de bersagliers, d'artillerie de campagne et de cavalerie, puis les compagnies sanitaires reçoivent des recrues chacun de huit à neuf districts. Le 8e régiment de bersagliers, par exemple, se recrute dans les districts militaires de Novare, Vercelli, Brescia, Ravenne, Lucca, la Spezia, Caltanisetta, Cefalu et Palerme; le 18e régiment de cavalerie dans les districts de Novare, Vercelli, Brescia, Modène, Orvieto, Frosinone, Palerme et Girgenti, etc. Les régiments d'artillerie de forteresse reçoivent des recrues de 19 à 23 districts, les 2 régiments du génie chacun de 42 à 43 districts, dans lesquels on choisit les jeunes gens remplissant le mieux les conditions exigées pour ces armes. Les régiments de grenadiers se complètent, le premier dans 44, le deuxième dans 41 districts militaires.

Il y a lieu de faire remarquer en passant que les régiments de grenadiers ne constituent point une troupe d'élite, comme leur nom pourrait le faire supposer. Leur existence n'est conservée que grâce aux traditions de l'ancienne brigade de grenadiers sardes, pour lesquels une contribution spéciale est payée, et la grande taille que l'on exige des grenadiers explique le nombre considérable de districts militaires qui doivent participer à leur recrutement. Les compagnies alpines ne reçoivent que des jeunes gens de la Haute Italie, c'est-à-dire des districts militaires qui touchent aux Alpes, où ces troupes spéciales sont employées. Ainsi, la 25e compagnie alpine se recrute uniquement dans le district de Cuneo, la 21e dans le district de Brescia, la 15e dans celui d'Udine, etc.

De même que chaque régiment se recrute dans plusieurs districts militaires, chacun de ceux-ci fournit un contingent de recrues à plusieurs régiments. Ainsi, le district militaire de Naples, appartenant à la zone de recrutement napolitaine, envoie des recrues à 8 régiments d'infanterie, à 1 régiment du génie, à 2 régiments d'artillerie, à 2 régiments de cavalerie et à 2 compagnies d'infirmiers; le district militaire d'Alexandrie, faisant partie de la zone de recrutement piémontaise, fournit des recrues à 6 régiments d'infanterie, 1 de bersagliers, 1 du génie, 2 de cavalerie, 2 d'artillerie et 2 compagnies d'infirmiers; le district militaire de Pesaro, appartenant à la zone de recrutement de l'Italie centrale, envoie un contingent à 4 régiments d'infanterie, 1 du génie, 1 de bersagliers, 2 de cavalerie, 2 d'artillerie et 2 compagnies d'infirmiers, etc.

Lors du passage du pied de paix au pied de guerre, les hommes en congé rejoindraient les régiments où ils ont fait leur temps de présence, c'est-à-dire qu'en cas de mobilisation les corps de troupe recevraient leurs réservistes des cinq zones qui les alimentent en temps de paix.

Il n'est pas douteux que ce mode de recrutement complique considérablement la gestion des districts militaires et qu'il se prête fort mal à une mobilisation rapide. Mais des raisons politiques ont, lors de la constitution du royaume d'Italie, fait adopter ce système de préférence à tout autre, parce que seul il a paru rendre possible le mélange des races, si diverses et si hétérogènes. Cette manière de voir est partagée encore aujourd'hui par la plus grande partie des hommes politiques ou militaires compétents, qui considèrent ce système comme une nécessité inéluctable.

En outre des expériences fort décisives faites en 1877 par l'administration de la guerre, pour arriver à une mobilisation plus rapide au moyen d'une espèce de système territorial, ont rencontré dans le Parlement une résistance absolue.

Répartition militaire territoriale et dislocation du temps de paix.

La répartition militaire du territoire est organisée comme il suit :

a) 10 commandements de corps d'armée, savoir : le 1er à Turin, le 2e à Milan, le 3e à Vérone, le 4e à Plaisance, le 5e à Bologne, le 6e à Florence, le 7e à Rome, le 8e à Naples, le 9e à Bari et le 10e à Palerme.

b) 20 divisions militaires territoriales, savoir : la 1re à Turin, la 2e à Alexandrie, la 3e à Milan, la 4e à Brescia, la 5e à Vérone, la 6e à Padoue, la 7e à Plaisance, la 8e à Gênes, la 9e à Bologne, la 10e à Ancône, la 11e à Florence, la 12e à Pérouse, la 13e à Rome, la 14e à Chieti, la 15e à Naples, la 16e à Salerne, la 17e à Bari, la 18e à Catanzaro, la 19e à Palerme et la 20e à Messine.

c) 88 districts militaires, répartis sur tout le pays en raison de la densité de la population (un district militaire par agglomération de 2 à 500.000 habitants).

La direction des districts militaires, surtout en ce qui concerne l'instruction des troupes, se concentre au commandement du corps d'armée. Les divisions territoriales ne fonctionnent que comme commandements militaires, plus directement en rapport avec les troupes pour les questions purement militaires, et leur servent d'intermédiaires avec le ministère de la guerre pour les affaires concernant l'administration. En cas de mobilisation, l'état-major des corps d'armée et des divisions rejoint le théâtre des opérations, en laissant le personnel nécessaire pour gérer le service sous les ordres d'un général venu de la réserve ou du commandant supérieur du district militaire.

Les troupes sont réparties en 40 brigades d'infanterie et 9 de cavalerie dans le rayon des divisions territoriales.

Les commandants des districts militaires sont chargés, en temps de paix, de tout ce qui concerne le recrutement, la réserve et les contrôles de toute l'armée, de l'instruction des hommes de la deuxième catégorie, enfin de la conservation de tous les effets nécessaires en cas de guerre pour toutes les troupes à pied. En cas de mobilisation, ils auraient à rappeler et à diriger sur leurs corps tous les hommes en congé, après avoir muni de tout ce qui leur est nécessaire les hommes faisant partie des troupes à pied (1), à lever la milice mobile, à réquisitionner les chevaux, à appeler et au besoin à instruire les réserves, etc. Pour assurer ce service important, astreignant, multiple, dont le fonctionnement régulier et complet assurera en majeure partie la rapidité et la sûreté de la mobilisation, chaque district militaire se compose d'un état-major et d'une compagnie qui prend le nom de compagnie de district. Il y a pourtant dix districts qui ont chacun deux de ces compagnies permanentes; ce qui en porte le nombre au chiffre total de 98 (2). Pour surveiller et donner une direction unique à ce service, il est institué à l'état-major de chaque division territoriale un général ou colonel qui porte le titre de commandant supérieur des districts militaires de cette région.

La configuration géographique défavorable de l'Italie, beaucoup trop étendue en longueur, par rapport à la largeur, le peu d'importance qu'a au point de vue militaire le

(1) Les régiments d'artillerie, de cavalerie et du génie ont leurs magasins particuliers de réserve au siège de leur état-major.

(2) Avant 1877, où l'on réduisit à 66 le nombre des districts militaires, il existait 176 compagnies permanentes de district. Mais un examen mieux entendu des complications qui résulteraient de cet état de choses en cas de mobilisation des considérations budgétaires et autres ont amené cette réduction, qui fut pourtant vivement combattue comme nuisant à une mobilisation rapide.

réseau de voies de communication au-dessous de la ligne Turin-Rimini, le danger qu'une flotte ennemie pourrait faire courir aux deux lignes ferrées qui longent les côtes, ou tout au moins à l'une des deux, enfin le fait que l'attaque principale, qui sera la première, aura lieu dans la vallée du Pô, où se décidera également le sort de la campagne : toutes ces conditions ont dû influer sur la répartition des troupes en temps de paix dans l'intérêt d'une concentration rapide de l'armée. C'est pourquoi, on a fait tenir garnison dans la haute Italie à une grande partie de l'infanterie, mais surtout à presque toute la cavalerie et toute l'artillerie, ces deux dernières étant les troupes les plus difficiles à transporter. Par le fait, les corps d'armée de Turin, Milan, Vérone, Plaisance et Bologne ont dans leurs garnisons :

39 régiments d'infanterie,
20 bataillons de bersagliers,
10 bataillons alpins, c'est-à-dire tous,
14 régiments de cavalerie,
7 régiments d'artillerie de campagne et les
2 régiments du génie.

Dans le corps d'armée de Florence, qui touche aux précédents et d'où l'on peut gagner rapidement la vallée du Pô, soit en chemin de fer, soit après quelques journées de marche, il y a 8 régiments d'infanterie, 2 régiments d'artillerie de campagne, 3 bataillons de bersagliers et 1 régiment de cavalerie, de sorte que dans la partie septentrionale du royaume, formant le principal théâtre d'opérations, et dans les parties voisines, il y a en garnison :

47 régiments d'infanterie sur 80,
23 bataillons de bersagliers sur 40,
10 bataillons alpins sur 10,
9 régiments d'artillerie de campagne sur 10,

15 régiments de cavalerie sur 20, et

2 régiments du génie sur 2.

Armement.

Toutes les troupes à pied de l'armée de première ligne (régiments d'infanterie et de bersagliers, compagnies alpines) sont armées du fusil Vetterli, modèle 1870, qui est une arme se chargeant par la culasse d'un système nouveau. Ce fusil est très bon, considéré au point de vue de son tir, mais on peut critiquer la complication de son mécanisme, qui se compose de 26 parties, le peu de solidité des diverses pièces, surtout la faiblesse du percuteur et la facilité avec laquelle la poussière et l'humidité peuvent pénétrer dans son appareil. Ce fusil a une baïonnette tranchante.

Au 1er janvier 1877, l'Italie avait fabriqué environ 300.000 de ces armes, sans compter 28.000 mousquetons du même système (pour les sous-officiers, les troupes d'artillerie et du génie) et, à la fin de cette même année, le nombre de ces fusils devait atteindre 440,000, avec chacun 328 cartouches. Ce nombre est suffisant pour que toute l'armée de première ligne, y compris les troupes de réserve, puisse en être pourvue.

La milice mobile est encore armée provisoirement d'un fusil d'un ancien système (Carcano) transformé en arme se chargeant par la culasse. Il en existe environ 600,000, de manière qu'au besoin la milice territoriale pourrait aussi en recevoir. Cette arme est naturellement fort inférieure au Vetterli, mais aussitôt que l'armée de première ligne sera entièrement armée de ces derniers, on commencera à en distribuer à la milice mobile, pour laquelle il en faudra environ 220,000. La fabrication totale des fusils Vetterli doit atteindre un million d'armes, et on l'a fixée à 60,000 pour chacune des années 1880, 1881 et 1882.

Les dix premiers régiments de cavalerie (lanciers) sont

armés du sabre, de la lance et du revolver ; les dix derniers régiments (grosse cavalerie) ont le sabre et le mousqueton Vetterli, muni d'une courte baïonnette pointue. Le sabre et le mousqueton sont fixés à la selle et ne sont par conséquent pas portés par le soldat lorsqu'il est à cheval. Au 1er janvier 1878, il existait 12.782 mousquetons de cavalerie.

Nous avons dit déjà que *les régiments d'artillerie de campagne* comptent 100 batteries à 8 pièces, dont 60 batteries, attelées à 4 chevaux, sont des batteries de 7 centimètres en bronze, se chargeant par la culasse, avec 500 coups par pièce, et 40 batteries, attelées à 6 chevaux, sont des batteries de 9 centimètres en acier de Krupp, avec 400 coups par pièce. Les projectiles des pièces de 7 centimètres ont un très-faible éclatement, et l'on se propose de les remplacer par d'autres d'un nouveau système, se rapprochant du système Uchatius. Il y a lieu de remarquer que les deux calibres nommés officiellement du 7 centimètres et du 9 centimètres n'ont réellement que $0^m, 075$ et $0^m, 087$.

Il existe en outre comme réserve de bouches à feu : 20 batteries de pièces de 9 centimètres en bronze et 3 batteries de pièces de 9 centimètres en acier; mais jusqu'à présent elles n'ont pas été pourvues de leurs munitions ni de leurs caissons. On dispose en outre dans le même but de 70 pièces de 7 centimètres, avec 20 caissons, et de 30 pièces de 9 centimètres, avec environ 200 caissons, qui servent aux écoles de tir de l'artillerie.

Les pièces de montagne actuellement en service sont des pièces en bronze de 8 centimètres se chargeant par la culasse, dont 8 batteries à 6 pièces sont complètement organisées, sans compter un certain nombre de ces bouches à feu restant en réserve. Toutefois ce matériel, ainsi que les pièces de campagne, ne doit pas tarder à être remplacé par d'autres pièces du même système de 7 centimètres se chargeant par la culasse, mais avec des canons plus faibles et plus courts, et être fait en bronze comprimé, dont la qualité ne sera pas inférieure à celle du bronze Uchatius. De même à l'avenir les pièces de campagne en acier de 9 centimètres se chargeant par la culasse ne sortiront plus de l'usine Krupp, mais elles seront fabriquées dans le pays même, avec du bronze comprimé.

Pour *la milice mobile*, on dispose de 40 batteries anciennes de 9 centimètres, en bronze, rayées, se chargeant par la bouche, avec toutes les munitions et caissons nécessaires. Il existe en outre un approvisionnement de 960 de ces mêmes pièces de 9 centimètres et de 180 de 12 centimètres, soit en tout 1.140 pièces d'ancien système, avec les voitures pour 75 batteries ainsi constituées. Toutefois il faut bien dire que tout ce matériel est de valeur bien médiocre. On a donné aux nouvelles pièces Krupp de 9 centimètres les affûts de ces batteries de 12 centimètres, dont le nombre se trouve par suite réduit d'autant. Mais il existe un projet pour procurer de nouveaux affûts aux pièces de 9 centimètres en question.

L'artillerie de côtes, qui sera servie par des compagnies spéciales, doit, d'après les lois des 16 juin 1871 et 12 juillet 1872, comprendre 187 pièces lourdes de 24 centimètres se chargeant par la culasse et 50 pièces de 32 centimètres. Cependant, jusqu'à présent, il n'y en a que 100 de 24 centimètres terminées, dont 76 seulement pourront être mises en batterie à la fin de 1878. A la fin de cette même année, il n'y avait que 14 pièces de 32 centimètres achevées, et encore n'était-elles pas pourvues de leurs affûts, dont le modèle n'était pas encore arrêté. Il paraît d'ailleurs qu'on a suspendu la fabrication des pièces de 24 centimètres et que pour l'avenir le canon de 32 centimètres sera le plus petit calibre admis pour les côtes, attendu que l'on a fabriqué à

Turin un canon en acier fondu fretté, de 45 centimètres, du poids de 100 tonnes.

Le *parc d'artillerie de siège* se compose de 400 pièces rayées des différents systèmes anciens, se chargeant par la bouche.

Pour l'armement des places fortes, on dispose actuellement de 4.850 pièces anciennes se chargeant par la bouche, et la plupart rayées. En outre, à la fin de 1878, il existait 150 pièces de 12 centimètres et de 15 centimètres se chargeant par la culasse et destinées en principe aux forts des Alpes.

Il est évident que, pour être en mesure d'agir avec chance de succès contre les moyens de défense actuels, le parc de siège devra être renouvelé complètement, et que, pour les mêmes raisons, l'artillerie de place aurait besoin d'être améliorée en y joignant au moins 300 canons ou mortiers d'un nouveau système.

Les *troupes du génie* sont encore armées du fusil court se chargeant par la culasse, de l'ancien système Carcano transformé. Les outils de ces troupes spéciales ne sont pas portés par les hommes, mais transportés sur des voitures au nombre de deux par compagnie.

Une brigade du génie (deux compagnies) dispose de 124 pioches, 220 pelles et 96 haches; le parc du génie du corps d'armée comprend 347 pioches, 773 pelles et 102 haches. Un corps d'armée composé de 8 régiments d'infanterie, 1 de bersagliers et 2 de cavalerie, et de 10 batteries d'artillerie, dispose, en y comprenant les outils des troupes, de 1.465 pioches, 1.465 pelles et 928 haches.

La mobilisation (1).

Le système de recrutement en vertu duquel les réser-

_____

(1) Au contraire de ce qui se passe dans les autres pays, l'Italie n'a pas tenu secrètes les mesures qu'elle aurait à prendre en cas de mobili-

vistes des divers corps de troupe sont répartis dans les cinq zones de recrutement que nous avons indiquées, a conduit nécessairement à adopter des procédés particuliers de mobilisation. Ainsi, le gros de l'armée, c'est-à-dire les troupes à pied, ne reçoit pas ses réservistes dans les garnisons du temps de paix, mais chacun des corps est d'abord transporté, avec son effectif de paix, sur les points de concentration. Là seulement ils reçoivent leurs réservistes, préalablement habillés, équipés et munis de tout ce qui leur est nécessaire en campagne, par les soins des districts militaires; leurs voitures et leurs attelages s'y trouvent également. Il est évident qu'un régiment qui, par exemple, est en garnison à Bari et doit se rendre sur le Tagliamento, ne saurait raisonnablement attendre à Bari l'arrivée des réservistes qu'il doit recevoir du Piémont, de la Lombardie, de la Toscane et de la Romagne; c'est pourquoi ces réservistes sont dirigés immédiatement sur le Tagliamento pour y rejoindre leur régiment; comme conséquence de cette disposition, les régiments d'infanterie et de bersagliers doivent être prêts à partir, avec leur effectif de paix, quarante-huit heures après avoir reçu l'ordre de mobilisation.

Les compagnies alpines possèdent dès le temps de paix leur effectif de guerre de 250 hommes, ainsi que leur matériel de campagne complet; elles sont réparties à l'avance sur

sation, probablement en raison de son mode de recrutement et de la conformation de son territoire. L'instruction distingue trois sortes de mobilisation : *partielle, non précipitée, générale et précipitée.* C'est de cette dernière seule dont l'auteur a voulu parler.

Une disposition très pratique pour propager la connaissance des travaux de mobilisation et développer l'instruction des officiers qui en sont chargés a été prise par le ministre de la guerre. Elle consiste à détacher, en temps de paix, des officiers de l'École de guerre dans les districts pour y faire un stage. De même les officiers de réserve doivent faire les huit derniers jours de leur service réglementaire dans les districts de leur résidence, pour y apprendre les travaux de la mobilisation. *(Note du trad.)*

les sections de la frontière confiées respectivement à leur garde. Au moment d'une mobilisation, il suffit donc de porter sur le front d'opérations les compagnies alpines qui se trouvent en temps de paix sur la partie de la frontière non menacée. Ainsi, dans le cas d'une guerre contre la France, les compagnies alpines qui garnissent la frontière autrichienne seraient reportées sur les Alpes occidentales. Il reste ensuite à organiser les compagnies alpines de réserve ; mais cette opération peut s'effectuer dans un temps très court, puisque tous les hommes qui en font partie se recrutent sur place, dans la région alpine.

Les régiments de cavalerie qui, dès le temps de paix, ont sensiblement leur effectif de guerre, possèdent, au siège de leurs états-majors, des magasins particuliers renfermant tout le matériel nécessaire à leur mobilisation, y compris leurs équipages. Ils ne sont donc transportés dans la zone de concentration qu'après s'être mis complètement sur le pied de guerre dans leurs garnisons mêmes. Chaque régiment de cavalerie *doit* être prêt à partir le septième jour qui suit la réception de l'ordre de mobilisation.

Les régiments d'artillerie ont avec eux, dans des dépôts particuliers, tout le matériel nécessaire à leur passage sur le pied de guerre, y compris les voitures, auxquelles ils doivent fournir des chevaux et des conducteurs. Nous avons dit déjà qu'il n'existe pas, dans l'armée italienne, de corps spécial du train. Les régiments du génie et les régiments d'artillerie de campagne comptent un certain nombre de compagnies du train, qui assurent le service des tranports en général. Chaque régiment d'artillerie de campagne, par exemple, fournit le train nécessaire aux divers services de l'artillerie d'un corps d'armée, ainsi que celui qu'il faut à des états-majors et à des établissements déterminés. Des dispositions analogues sont prises pour les compagnies du train des régiments du génie. Il en résulte que la plus grande partie des chevaux de réquisition destinés aux trains doit être dirigée sur le siège des états-majors des régiments d'artillerie et du génie.

Les régiments d'artillerie de campagne *doivent* être prêts à partir le septième jour qui suit l'ordre de mobilisation, après avoir pris leur deuxième formation, c'est-à-dire avec six pièces par batterie, organisation dont l'exécution ne serait pas sans présenter quelques difficultés dans la pratique. En effet, comme on le verra ci-après, les réservistes ne peuvent arriver dans les *régiments* que le neuvième jour de la mobilisation au plus tôt. Mais, si les régiments de cavalerie, qui n'ont également qu'un délai de sept jours, peuvent, à la rigueur, partir avec un effectif légèrement inférieur à leur effectif de guerre, il n'en est pas de même pour les régiments d'artillerie, parce que ceux-ci, en admettant qu'ils aient reçu leurs chevaux en temps utile, ne peuvent se mettre en route sans leurs conducteurs.

Les raisons qui ont motivé la dislocation, en temps de paix, de la plus grande partie de l'armée dans la vallée du Pô ou dans ses environs immédiats, c'est-à-dire à proximité du théâtre des opérations, ont conduit également à concentrer à l'avance dans cette région les équipages et le matériel encombrant de l'armée. Pour simplifier et faciliter les transports par voie ferrée à travers l'Apennin, on a créé quatre grands dépôts d'armée à Bologne, à Vérone, à Mantoue et à Plaisance. On a organisé en outre, dans treize districts situés sur les trois grandes lignes ferrées de la haute Italie, des magasins où les corps de troupe qui n'ont pas de ressources suffisantes (comme c'est le cas pour les régiments de cavalerie, d'artillerie et du génie) trouvent les voitures et l'équipement de campagne nécessaires pour les réservistes, qui ne s'habillent qu'aux points de concentration.

Ces treize districts portent le nom de districts principaux de mobilisation. Enfin, pour les troupes qui doivent opérer en dehors de la région du Pô, il y a sept autres districts principaux de mobilisation, savoir : Palerme, Caserte, Naples, Rome, Florence, Lucques et Gênes.

Nous avons dit déjà que la mobilisation rapide de l'armée dépend presque exclusivement du fonctionnement régulier des districts militaires. La somme de travail qui leur incombe, avec un personnel relativement restreint, est effrayante, et il y a lieu, par suite, de ne rien négliger pour donner à ce service, d'une importance extraordinaire, toute l'impulsion nécessaire.

La mobilisation de l'armée italienne s'opère à peu près de la façon suivante :

Le premier jour est celui où le ministère de la guerre a lancé l'ordre de mobilisation.

Les sept premiers jours sont consacrés à la réunion, dans les gares d'embarquement, du matériel nécessaire et au transport d'une partie des régiments d'infanterie et de bersagliers avec leurs effectifs de paix.

En principe, les troupes qui se trouvent à moins de cinq journées de marche du point de formation désigné à leur division font le trajet à pied.

Les réservistes de l'infanterie sont appelés classe par classe, à raison d'une classe par jour. Dans la cavalerie, on appelle d'un coup les quatre classes de réservistes de cette arme. Dans l'artillerie, le génie, les compagnies d'infirmiers et les autres services, les classes sont rappelées deux par deux. Les premières classes rappelées ne pouvant guère arriver dans les districts avant le sixième jour, et leur habillement exigeant de un à deux jours (1), le transport des

_____

(1) Des essais de cette opération de l'habillement doivent être faits tous les ans dans chaque district. Mais ces effets étant, en Italie, la pro-

réservistes par les voies ferrées ne peut guère *commencer* avant le neuvième jour pour l'infanterie et avant le huitième jour pour les autres armes.

Le neuvième et le dixième jour commence également le transport des régiments de cavalerie sur le pied de guerre, des batteries de campagne en deuxième formation, des brigades du génie des corps d'armée avec leurs parcs de compagnie et leurs sections télégraphiques, et enfin des détachements du train (en deuxième formation) destinés aux quartiers généraux, aux directions du commissariat, aux colonnes de vivres et de pain, aux commandements d'artillerie et du génie des corps d'armée.

Naturellement, il n'y a pas lieu de transporter les régiments de cavalerie, qui dès le début ont été portés en avant tels quels, pour couvrir le déploiement stratégique des armées avec le concours des troupes d'infanterie et des batteries se trouvant à proximité. Les batteries de montagne rejoignent directement les bataillons alpins.

Aux transports dont nous avons parlé succède, à partir du onzième jour, celui des réservistes de l'infanterie et des bersagliers appelés postérieurement, ainsi que celui des sections d'infirmiers et de subsistances, des hôpitaux de campagne, des boulangeries et des infirmeries vétérinaires.

Le quinzième jour de la mobilisation, l'envoi des réservistes par les districts doit être terminé, et les batteries doivent être portées à leur pied de guerre réel (8 pièces).

priété des hommes, il faudra, en cas de mobilisation, pour inscrire tous ces effets avec leur prix sur les livrets et les registres, un temps beaucoup plus considérable que celui consacré à l'habillement proprement dit. Ce sera certainement une cause de retard si l'on n'y remédie.

Les hommes de l'infanterie et les bersagliers reçoivent l'équipement de campagne complet ; les hommes de la cavalerie et de l'artillerie reçoivent seulement le manteau, la couverte et la casquette, à l'exception des deux classes les plus anciennes de la cavalerie, qui sont complètement équipées dans les districts et peuvent ensuite être employées pour la réquisition des chevaux et les travaux du génie. (*Note du trad.*)

Les sept jours suivants (jusqu'au vingt-deuxième) sont employés aux transports des équipages de pont, des grands parcs de l'artillerie et du génie, des trains et autres services de l'armée, ainsi qu'à compléter tous les préparatifs qui peuvent se trouver en retard.

La *milice mobile* (1) peut être appelée en totalité ou en partie soit en même temps que les réservistes de l'armée permanente, soit postérieurement. Elle peut même être appelée avant les réservistes sur les points où cette mesure serait rendue nécessaire par les exigences du service de place, les conditions de la sécurité publique ou d'autres circonstances locales. Mais le départ des détachements de milice mobile destinés aux armées d'opérations ne pourrait avoir lieu que dans les derniers jours de la mobilisation, et au plus tôt après l'achèvement du transport des réservistes de l'armée de première ligne.

Le général Ricotti, ancien ministre de la guerre, a déclaré au Parlement « qu'il *croyait pouvoir* affirmer que, dans quinze *ou* vingt jours, *une grande partie de l'armée* pouvait être concentrée en un point quelconque des frontières. » Le vague de cette déclaration permet de supposer que dans la pratique tout ne se passerait pas aussi régulièrement que le plan de mobilisation le prévoit. A l'appui de cette opinion, on peut invoquer les explications moins affirmatives données par le même général Ricotti devant une *commission* parlementaire, et d'après lesquelles il faudrait

---

(1) Lorsque paraît l'ordre de formation des milices mobiles, les districts commencent par former les bataillons d'infanterie et les compagnies de bersagliers, et pourvoient à leur équipement complet ; ils appellent ensuite les hommes de l'artillerie et du génie, et les envoient à leurs dépôts respectifs, où se forment les unités destinées à la milice mobile. La réunion ultérieure en régiments, brigades et divisions a lieu d'après un ordre spécial du ministre de la guerre, qui fait alors paraître les nominations nécessaires pour la formation de guerre. (*Note du trad.*)

quinze jours, et éventuellement vingt jours, pour concentrer l'armée dans la vallée du Pô (et non plus sur un point quelconque des frontières). On aura certainement tenu compte, dans les calculs de la concentration, de la lenteur des transports militaires par les chemins de fer, et l'on aura fait tous les efforts possibles pour perfectionner le mécanisme de la mobilisation et assurer, dans la mesure du possible, le fonctionnement régulier des districts militaires. Mais il reste un facteur qui échappe à l'appréciation : les chemins de fer italiens n'ont jamais subi l'épreuve décisive de grands transports de troupes exécutés avec précision dans leurs plus petits détails. Il n'est pas sans intérêt, sous ce rapport, de signaler les plaintes continuelles élevées par la presse contre les irrégularités du service d'exploitation des voies ferrées, plaintes qui ont trouvé tout récemment un écho éloquent au sein du Parlement, lors de la discussion du budget des travaux publics.

D'un autre côté, les difficultés de la réquisition des chevaux retarderont sensiblement le moment où l'armée sera complètement prête à agir, surtout pour prendre l'offensive, en admettant que les négociations diplomatiques précédant la déclaration de guerre ne traîneront pas assez longtemps pour permettre de remédier à cet inconvénient.

La remonte des chevaux.

Au point de vue de la production des chevaux, l'Italie est, comme on sait, peu favorisée. Certaines provinces sont, il est vrai mieux partagées sous le rapport de la quantité et de la qualité; mais, en somme, l'Italie n'est pas encore parvenue à compléter le nombre des chevaux qui lui seraient nécessaires pour l'armée, et sous ce rapport elle est fortement tributaire de l'étranger, Ce fait est facile à expliquer par le

peu de goût qu'a en général l'Italien pour le cheval et pour
aucun genre de quadrupède comme animal de trait ou de
bât. Il faut ajouter aussi qu'en raison du climat et de la
nature du sol, le système de culture est complètement diffé-
rent de celui des autres pays. Ainsi, tandis que partout ailleurs on emploie à cet usage le cheval seulement ou bien le
cheval et des bœufs, en Italie on fait usage presque exclusivement de ces derniers, par la raison surtout qu'il sont
moins chers à nourir. En outre, dans ce pays presque partout montagneux, le paysan préfère se servir, pour ses transports, d'ânes ou de mulets, qui sont plus faciles à nourrir,
plus résistants à la fatigue. Dans ces conditions, à part les
chevaux de luxe, on ne trouve guère de chevaux que dans
l'armée et un peu dans la haute Italie, où il s'en fait quelque commerce.

Sans rechercher ici les causes qui ont empêché le gouvernement de réussir dans les efforts qu'il a faits dans ces dix
dernières années pour encourager l'élevage des chevaux, il
nous sera permis de constater que les chevaux nécessaires
annuellement pour la remonte de l'armée ne sont pas achetés
en Italie, mais proviennent en grande partie de la Hongrie.

Le recensement entrepris officiellement dans la nuit du
9 au 10 janvier 1876 a constaté le chiffre de 657.544 chevaux
et de 293.868 mulets, dont 146.663 chevaux et 92.101 mulets
impropres au service de l'armée par suite de leur âge, de
leur taille ou d'autres défauts. D'après l'*Italia militare* du
13 février 1877, il ne faudrait même compter que sur le
cinquième du reste. Or le complément d'animaux de selle, de
trait et de bât, nécessaires en cas de mobilisation pour porter
l'effectif de ces animaux au pied de guerre est de 37.153 chevaux et de 22.807 mulets, c'est-à-dire en tout 59.960 qua-
drupèdes, d'après la loi de 1873 sur la réquisition des

chevaux (1). Ce sera donc bien juste si l'Italie peut arriver au nombre voulu.

L'effectif de paix de la cavalerie comporte 15.000 chevaux, et celui de l'artillerie 6.900. Au 1er janvier 1877 il manquait 3.396 chevaux pour la cavalerie et 500 pour l'artillerie; de plus, 3.000 chevaux, sur les 11.604 de la cavalerie et 1.700 sur les 6.400 de l'artillerie ont plus de quatorze ans d'âge. Pour combler ce déficit, on a acheté en 1877 de 8 à 10.000 chevaux. Le prix moyen des chevaux de cavalerie ressort à 956 francs pour ceux provenant de l'intérieur du pays, et à 1.155 francs pour ceux achetés à l'extérieur; ceux de l'artillerie à 800 francs pour l'intérieur et à 1.116 francs pour l'extérieur. Ces prix élevés proviennent en grande partie de ce que l'Autriche-Hongrie a dû interdire l'exportation des chevaux. Malgré le grand nombre de chevaux achetés, auxquels il faut en ajouter 500 provenant des haras, il s'en fallait encore de 436 chevaux que l'effectif ne fût complet. En outre, beaucoup de chevaux nouveaux n'étant âgés que de quatre ans à quatre ans et demi, on a dû maintenir jusqu'à nouvel ordre dans le rang un nombre de chevaux hors d'âge correspondant.

Le nombre de 59.960 chevaux ou mulets ne s'applique qu'aux troupes combattantes et au service du train de première ligne, et il ne comprend nullement le service des transports en arrière, depuis les dépôts d'approvisionnement jusqu'à la ligne des quartiers généraux de l'armée. En présence de la difficulté que l'on éprouverait à assurer ce service, au moment d'une guerre, à l'aide des ressources du

(1) La loi qui règle la réquisition des chevaux est du 20 juillet 1877. Tous les travaux relatifs à cette réquisition, tels que formation des listes, réunions des commissions, lieux de rassemblement, moyens d'installation, doivent toujours être tenus au courant. Les animaux sont revisés comme chez nous, par des commissions mixtes. (*Note du trad.*)

pays, on a eu recours aux locomotives routières, et le ministère de la guerre a donné l'ordre, en 1875, de se procurer 60 de ces locomotives. Jusqu'à ces derniers temps, il n'en avait cependant été acheté que 14, dont 13 du système Aveling-Porter, que l'on paraît ne pas devoir adopter, et 1 du système Fowler, que l'on se propose d'expérimenter.

L'expérience de la guerre prouvera, malheureusement un peu tard, quels sont les avantages et les inconvénients de ces locomotives, que l'Italie a prises comme expédient. Cependant on peut affirmer dès à présent que, sur des routes solides, pas trop montueuses et qui ne sont pas encombrées par des colonnes en marche, ce genre de véhicule s'est montré parfaitement utilisable. En premier lieu, on se proposait de les employer exclusivement dans le quadrilatère Rimini-Alexandrie-Novare-Udine, en liant leurs mouvements à ceux de la partie de l'armée qui se meut en arrière de la ligne des quartiers généraux. Mais depuis on en a fait usage dans d'autres endroits ; ainsi, par exemple, des locomotives routières ont conduit, lors des manœuvres du 4e corps d'armée en 1876, un équipage de ponts de Rome à Frosinone, mais seulement jusqu'au pied du monticule sur lequel est bâtie cette dernière localité. Il est certain que l'état-major ne peut pas baser son système de ravitaillements sur de tels éléments, qui sont sujets à des éventualités que l'on ne peut prévoir, et il ne manque pas d'adversaires résolus de l'emploi des locomotives routières dans l'armée.

On reproche à ces locomotives d'éprouver déjà des difficultés pour gravir des pentes au douzième avec les voitures qu'elles remorquent, et qu'alors il faut s'y prendre à plusieurs fois pour hisser le convoi entier, ce qui occasionne une perte de temps ; on ajoute que le train ne peut pas toujours circuler entier sur les courbes très prononcées des routes, et qu'alors il faut encore fractionner le convoi ; enfin, on prétend que toutes les routes ne seront pas toujours suffisamment résistantes ou qu'on ne trouvera pas le long de leur parcours assez d'eau pour alimenter la machine. On est donc en droit de se demander si, dans de pareilles conditions, l'emploi de locomotives routières dans la haute Italie assurera parfaitement le service des transports.

Il résulte d'ailleurs de ce genre de transport pour le matériel de seconde ligne, que l'armée italienne ne peut pas prendre l'offensive hors de ses frontières, car les chemins de fer des pays dans lesquels on porterait la guerre seraient évidemment détruits pour plusieurs mois, et l'on ne pourrait pas avoir recours aux locomotives routières pour les transports dans les vallées de la Save, de la Drave et du Rhône, parce qu'il ne serait pas possible de leur faire franchir le Karst ni les Alpes (1).

Le budget de l'armée.

En 1866, qui fut une année de guerre, le budget de l'armée s'éleva à plus de 444 millions (2), et il descendit progressivement jusqu'en 1870 à 143 millions. Mais à la suite de la guerre franco-allemande, qui eut pour conséquence de faire augmenter les dépenses militaires de toutes les puissances, ce budget atteignait dès 1873 le chiffre de 177 millions, dont 156 millions pour le budget ordinaire et 21 d'extraordinaire.

(1) Les locomotives routières ne sont pas autant à dédaigner, même dans les pays où il y a abondance de chevaux, que l'auteur semble le croire. Ce qui le prouve, c'est que dans presque toutes les guerres récentes on en a fait usage et que la question est sérieusement à l'étude dans la plupart des grandes armées. Enfin les difficultés d'emploi sont presque nulles; ces machines peuvent circuler et tourner très facilement sur toutes les routes où peuvent passer les voitures ordinaires.

(Note du trad.)

(2) Toutes les dépenses dont il sera ici question sont évaluées en lire. La lira italienne vaut 1 franc, abstraction faite de l'agio, qui atteint actuellement 10 p. 100, de sorte que la pièce de 20 francs en or vaut environ 22 francs en billets de banque italiens.

Le budget de 1874 fut voté sous le ministre de la guerre Ricotti, et accepté par le président du conseil, M. Minghetti, qui était en même temps ministre des finances. Il fut fixé à 165 millions pour le budget ordinaire et à 20 millions pour le budget extraordinaire, mais comme une limite qui ne devait pas être dépassée. Cependant il ne put suffire pour entretenir l'armée à l'effectif fixé par la loi de recrutement et le statut d'organisation.

Le général Ricotti répéta à plusieurs reprises au Parlement que, pour ne pas dépasser le chiffre de 165 millions comme budget ordinaire, il serait obligé d'avoir recours à des expédients, d'envoyer des hommes en congé, de laisser subsister des vides dans les cadres, dans le personnel, dans les chevaux, etc.; qu'il n'acceptait un budget aussi restreint qu'à cause de la mauvaise situation des finances et sous la pression d'une impérieuse nécessité, pour ne pas rompre l'équilibre du budget, si difficile à réaliser. Mais, d'un côté, plus l'administration de la guerre voulut s'efforcer d'élever le niveau de l'instruction dans l'armée, au moyen des exercices de garnison, de brigades et de grandes concentrations, plus, d'un autre côté, elle dut se servir d'expédients, tous très nuisibles au résultat général à obtenir.

Ainsi, on renvoya en congé la plus ancienne classe présente sous les drapeaux au bout de trente-deux mois au lieu de trente-six; les classes nouvelles ne furent appelées souvent qu'au mois de mars, et comme on les renvoya encore prématurément en congé dans leur troisième année de service, leur temps de présence fut réduit à environ trente mois. On dut même, dans certaines années, renvoyer 10.000 et même 15.000 hommes n'ayant que vingt mois de présence. La cavalerie et l'artillerie restèrent avec un déficit de 4.000 chevaux. Les munitions de guerre furent en partie consommées pour les exercices du temps de paix, sans pouvoir être remplacées.

Les cadres d'officiers ne furent pas maintenus au complet, et l'on réduisit au strict indispensable l'entretien des casernes, des fortifications et autres établissements militaires. Enfin, les militaires de la deuxième catégorie ne purent être maintenus sous les armes que pendant quarante jours, au lieu des cinq mois prescrits par la loi, inconvénient d'autant plus grave que les classes en congé appartenant à l'armée permanente ou à la mobilisation (1) n'avaient pas été convoquées à des exercices périodiques. En outre, depuis 1873, le prix des choses nécessaires à la vie, du matériel, de la main-d'œuvre, etc., s'était considérablement accru, ce qui aggravait encore la situation critique où l'on se trouvait.

Dans ces conditions, le ministre de la guerre se vit dans la nécessité, en 1877, de déclarer au Parlement que si l'on ne dotait pas mieux le budget de l'armée, il n'était pas possible de maintenir l'effectif aux chiffres réglementaires, ni de donner aux hommes l'instruction qui faisait la solidité des autres grandes armées européennes. Il ajoutait que le budget ordinaire devait être augmenté de 18 millions, pour permettre de maintenir quatre mois de plus sous les drapeaux la classe la plus ancienne. Quant au budget extraordinaire, dont la dotation annuelle de 20 millions prenait fin en 1878 et était destinée à acheter de nouveaux canons, de nouveaux fusils, des approvisionnements pour le cas de mobilisation, à construire des fortifications et à les armer, le ministre faisait une nouvelle demande de crédit de 125 millions, pour des besoins existant déjà ou pour de nouveaux dont la nécessité s'était fait sentir. La cavalerie et l'artillerie,

(1) Les contingents de la deuxième catégorie des classes de 1855, 1856 et 1857, qui devaient être convoqués pour une période d'instruction de cinquante jours, ne furent pas appelés. Au contraire, les hommes renvoyés prématurément et faisant partie de la deuxième et de la troisième classe de la première catégorie ont été convoqués en 1877, mais pour des raisons de politique extérieure.

réduites à un minimum d'effectif, réclamaient une augmentation ; les vacances existant dans le cadre des officiers ne pouvaient être remplies qu'en créant de nouvelles écoles militaires ; la solde et la retraite des officiers ne pouvaient pas toujours être aussi parcimonieusement mesurées ; la milice mobile n'existait que sur le papier et la milice territoriale n'était pas du tout organisée ; les approvisionnements de toute espèce pour le cas de guerre étaient loin d'être achevés ; l'armement des forteresses existantes était insuffisant ; la mise en état de défense du royaume n'était pas même fixée en principe, etc. Le budget de 1877 se clôtura avec un excédant de dépenses de 19 millions, dont 10 millions pour l'achat de 8 à 10.000 chevaux. Le Parlement ratifia après coup les dépenses en question.

La dotation de l'armée pour l'année 1878 se montait à 203 millions en chiffres ronds, dont 27.200.000 francs pour le budget extraordinaire. Le ministère de la guerre disposa en outre d'un autre crédit extraordinaire de 26.800.000 francs. Il faut remarquer aussi que dans ce chiffre de 229.800.000 francs ne sont pas comprises les pensions militaires, s'élevant à 25 millions pour 43.000 militaires retraités, de sorte que la dépense totale pour l'armée s'élève réellement, en 1878, à 254.700.000 francs, pour un effectif entretenu de 197.000 hommes et 18.000 gendarmes, car ces derniers sont payés par le budget de la guerre pour 17 millions. De plus, il y a lieu de faire remarquer que jamais les plus anciennes classes congédiées ne sont convoquées pour une période d'instruction, que depuis trois ans les recrues de la deuxième catégorie ne sont pas appelées pendant les quarante jours réglementaires ; que les grandes manœuvres se sont bornées à la concentration de six divisions, et qu'on n'a jamais appelé un seul homme de la milice mobile. Nous avons indiqué ces différents points pour permettre au besoin une comparaison exacte avec le budget de notre armée.

Il ne sera pas sans intérêt de jeter un coup d'œil sur le tableau de la page suivante, qui donne la répartition du budget de la guerre italien depuis 1873.

LES CHEMINS DE FER.

La carte jointe à ce travail montre que le réseau des voies ferrées est infiniment plus développé dans la partie continentale de l'Italie que dans la partie péninsulaire, et qu'il y est mieux adapté aussi bien aux exigences commerciales qu'aux besoins militaires. Le fait s'explique d'abord par les conditions topographiques, attendu que dans la partie septentrionale les grandes plaines ne sont pas rares, tandis que la péninsule est couverte de montagnes qui présentent de grandes difficultés à l'établissement des voies ferrées; de plus, il ne faut pas oublier que lorsque les chemins de fer prennent de l'essor, les divers États établissent des lignes beaucoup plus d'après les conditions locales que d'après les besoins des grandes voies de communication.

On peut se placer à trois points de vue pour examiner le parti que l'on pourrait tirer des chemins de fer italiens pour le service de l'armée, savoir :

1° Le cas de guerre contre l'Autriche, c'est-à-dire la concentration de l'armée entre l'Etsch et le Tagliamento, et les transports à effectuer par suite de cette guerre ;

2° La guerre avec la France, et alors la concentration de l'armée dans la vallée du Pô, c'est-à-dire dans la région Gênes-Alexandrie-Verceil-Ivrée-Turin-Cunéo- Vintimiglia , puis les transports pendant la guerre ;

3° La nécessité, dans le cours d'une de ces guerres ou

ANNÉES	BUDGET ordinaire	BUDGET extraordinaire	SECOND BUDGET extraordinaire	PENSIONS MILITAIRES	·	TOTAL
1873	156.000.000	21.100.000		25.000.000		202.100.000
1874	170.000.000	17.500.000		25.000.000		212.500.000
1875	172.000.000	15.000.000		25.000.000		212.000.000
1876	170.800.000	20.000.000		25.000.000		215.000.000
1877	170.300.000	25.400.000	2.000.000	25.000.000		222.700.000
1878	175.700.000	27.200.000	27.800.000	25.000.000		254.700.000
1879	177.100.000	23.500.000		25.000.000		225.600.000

(1) Les principales causes de l'augmentation des dépenses en 1879 sont : l'appel de 35.000 hommes de la deuxième catégorie, une augmentation de 3.000 hommes dans l'effectif moyen entretenu, la création d'un nouveau dépôt d'élevage de chevaux, les frais plus considérables de l'entretien du matériel d'artillerie, l'instruction d'un plus grand nombre d'officiers de complément, etc. Toutes ces augmentations auraient porté le budget à un chiffre plus élevé, s'il n'avait été possible en même temps d'introduire des réductions sur d'autres parties du budget, par suite de la diminution du prix des effets d'habillement et d'équipement, des grains et fourrages, des transports, etc.

D'un autre côté, le budget extraordinaire ne figurait d'abord que pour 10 millions. Cette différence notable provenait de ce que le budget de 1878 comprenait les dernières annuités de la plus grande partie des crédits extraordinaires votés pour les dépenses relatives à la défense de l'État, à la mobilisation, à l'équipement des troupes, etc. Toutefois cette diminution n'était que temporaire, puisque le ministère a présenté un peu plus tard au Parlement des projets de lois spéciaux ouvrant dans leur ensemble un crédit extraordinaire de 89.770.000 francs, à répartir entre les quatre exercices 1879-80-81-82 et destiné à poursuivre les travaux de fortification pour la défense du royaume, et à continuer la fabrication et l'acquisition du matériel de toute nature nécessaire à l'armée.

(Note du trad.)

d'une guerre maritime seulement, de transporter rapidement, de la vallée du Pô dans les parties méridionales du royaume, une partie de l'armée, pour assurer la sécurité de Rome, de Naples, des Siciles, ou surtout pour s'opposer à une puissante diversion ennemie.

Nous n'examinerons pas ici en détail l'éventualité d'une concentration de l'armée sur les frontières suisses, parce qu'en général elle peut rentrer dans le cas d'une guerre avec la France.

Les destinées militaires, et avec elles les destinées politiques de l'Italie, se décideront dans la vallée du Pô, dans laquelle nous comprenons aussi la vallée de l'Etsch et des fleuves côtiers du nord-ouest. C'est donc là qu'il faudra concentrer le gros de l'armée italienne, tandis qu'il suffira de détacher de petits corps d'armée pour couvrir les points les plus importants des théâtres accessoires d'opérations, tels que la vallée de l'Arno, Rome, Naples, les autres côtes menacées, les Deux-Siciles, etc. Mais la vallée du Pô est très nettement et très malheureusement séparée de la partie péninsulaire du pays par les Apennins, surtout à cause de son étendue en longueur, relativement trop grande. Dans ces conditions, il faudrait, lors de la première concentration stratégique de l'armée, faire exécuter en quelque sorte deux services à la fois aux chemins de fer, c'est-à-dire le transport des troupes au sud des Apennins (supposées prolongées jusqu'à Ancône) et le transport des troupes déjà stationnées dans la haute Italie. Nous avons indiqué déjà en passant la dislocation du pied de paix des différentes troupes en question.

La concentration de l'armée en cas de guerre avec l'Autriche.

On peut voir par la carte ci-jointe que, pour les transports du sud de l'Italie jusqu'au delà des Apennins, on ne dispo-

serait que de deux lignes s'embranchant sur la ligne trans-
versale Poggia-Naples. A Poggia, on est en communication
avec les deux branches de l'extrême sud se réunissant à
Bari et qui aboutissent l'une à Reggio et l'autre à Otrante.
Sur la ligne Bari-Reggio vient s'embrancher, à Torre-
mare, la ligne qui va par Potenza à Salerne. Toutefois ce
n'est guère avant deux ans que cette ligue pourra être d'un
plein rapport, en raison des difficultés éprouvées dans les
constructions du tunnel entre Potenza et Romagnano.

Les deux lignes déjà indiquées allant du sud au nord sont
les suivantes :

1° La ligne Poggia-Pescara-Ancône-Bologne-Padoue-Tré-
vise ;

2° La ligne Naples-Rome-Orte-Chiusi-Arezzo-Florence-
Pistoie-Bologne-Modène-Mantoue-Vérone-Vicence-Trévise.

A Trévise, les deux lignes se réunissent jusqu'à Udine.
De ce point part un embranchement qui va à Villach par
Pontebba, et un autre oui se dirige sur Layback, en passant
par Nabresina. Il existe en outre dans la vallée du Pô les
lignes suivantes se dirigeant de l'ouest à l'est :

1° La ligne Turin-Novare-Milan-Brescia-Vérone ;

2° La ligne Cuneo (respectivement Gênes-Novi-Alexandrie),
Pavie-Crémone-Mantoue. Vérone et Mantoue ont été dési-
gnées comme points extrêmes de ces deux lignes, parce que
c'est là qu'a lieu la jonction avec les lignes longitudinales
venant du sud.

Il n'y a pas lieu de mentionner en détail la ligne des côtes tyrrhéniennes : Rome-Civita-Vecchia-Pise-Spezia-Gênes,
d'une part à cause de sa position excentrique par rapport au
front stratégique indiqué, de l'autre, à cause des faibles services qu'elle pourrait rendre. Le transport sur les lignes
allant de l'ouest à l'est, qui traversent presque constamment
des plaines, ne présenterait aucune espèce de difficulté, ab-

straction faite des causes de retard provenant des dispositifs
d'embarquement insuffisants, des gares trop petites, des voies
de garage et de manœuvre trop courtes et trop peu nombreuses, à tel point que sur certains tronçons le train ne peut
se composer que de dix-neuf wagons.

Il en est tout autrement des voies longitudinales allant du
sud au nord. Avant tout il saute aux yeux que la voie ferrée
qui longe les côtes de l'Adriatique est en grande partie
exposée au feu d'une flotte ennemie. En admettant que cet
inconvénient soit peu à craindre dans les premiers jours de
la mobilisation, il ne faut pas moins prévoir qu'au moment
de l'ouverture réelle des hostilités il pourra se produire des
destructions locales, qui seraient d'autant plus préjudiciables
à la concentration de l'armée italienne que l'avance qu'aurait la mobilisation de l'armée autrichienne serait plus grande.
Évidemment, en pareil cas, une partie des transports pourrait être reportée sur la ligne tyrrhénienne-ligure ; mais cela
occasionnerait une grande perte de temps, un faible rende-
ment et un arrêt très préjudiciable au passage des troupes
de la direction est-ouest dans la vallée du Pô.

Il faut mentionner spécialement la voie Poretta, c'est-à-
dire la partie de la ligne longitudinale Naples-Rome-Flo-
rence-Bologne-Modène-Vérone-Trévise, qui traverse l'Apennin entre Pistoie et Bologne, parce que ce tronçon retarde
sensiblement la marche des transports dans cette région
montagneuse.

Le point le plus élevé de la voie Poretta est à 555 mètres
au-dessus de la station de Pistoie, et l'on a été obligé de l'atteindre sur une longueur de 40 kilomètres seulement. Cette
condition a forcé d'employer les plus grandes pentes et les
plus grandes courbes admissibles. Tout ce tronçon, ainsi que
les ouvrages d'art, ne sont construits que pour une voie ;
les gares sont très petites, les voies de manœuvre insuffi-

santes, et les diverses stations distantes de 14 kilomètres
l'une de l'autre. Les trains ne peuvent se composer que de
treize vagons sur ce tronçon.

La concentration de l'armée en cas de guerre avec la France.

L'échiquier de ce déploiement est en général marqué
par les points de Vintimille, Cunéo, Turin, Ivrée, Verceil,
Alexandrie et Gênes. Pour transporter l'armée dans l'espace
compris entre ces points, on dispose de trois lignes non interrompues qui se détachent de la ligne Rome-Ancône, à
laquelle viennent aboutir les deux lignes partant du sud,
mentionnées précédemment.

Ces trois lignes de transport non interrompues sont :

1° Rome-Civita-Vecchia-Pise-Spezia-Gênes-Savone, avec
embranchements sur Vintimille d'une part, et d'autre part
sur Cunéo, par Savigliano ;

2° Rome-Orte-Arezzo-Florence-Pistoie-Bologne-Modène-
Alexandrie-Turin ;

3° Ancône-Rimini-Bologne-Modène-Mantoue-Crémone-Co-
dogno-Milan-Turin.

En ce qui concerne la section Bologne-Modène, commune
aux deux dernières lignes, il convient de faire observer qu'elle
est à double voie. Les chemins de fer italiens sont en général
à une seule voie, sauf un petit nombre de sections, telles
que Bologne-Modène, Padoue-Venise, Brescia-Milan, Gênes-
Alexandrie-Turin, etc.

Aux trois lignes ci-dessus on peut ajouter la ligne Udine-
Trévise (ou Adria-Rovigo-Legnago), Vérone-Brescia-Milan-
Verceil-Turin, qui se dirige de l'est à l'ouest. Si l'on devait
se servir de cette ligne en même temps que de la troisième
ligne indiquée ci-dessus pour pénétrer dans le Pô supérieur,

il serait nécessaire de changer la direction de cette dernière en la faisant passer, à partir de Codogno, par Pavie et Alexandrie, et en utilisant de ce dernier point la seconde ligne jusqu'à Turin, ou bien se servant de la ligne latérale qui mène par Albe à Cavaller-Maggiore.

En ce qui concerne la première ligne de transport, il faut noter que la construction et les moyens d'exploitation laissent beaucoup à désirer. La voie est fort peu solide et, dans beaucoup d'endroits, elle circule tout à fait le long de la côte; de plus, à partir de Massa, elle traverse de nombreux tunnels, galeries et ponts, facilement destructibles. La France, protégée par la ceinture des Alpes occidentales, qui se trouve fortifiée à tous les points de passage, peut ouvrir les hostilités immédiatement après la rupture des relations diplomatiques, en faisant diriger, avant la fin de la concentration de l'armée, une attaque de sa puissante flotte contre la voie ferrée de la côte liguro-tyrrhénienne. Cette voie, abstraction faite de ses imperfections techniques, ne peut donc guère entrer en ligne de compte.

Quant à la seconde ligne, on a déjà mentionné les difficultés qu'elle présente pour un transport rapide de masses de troupes, surtout dans le trajet de la section Pistoïe-Poretta; le peu de services qu'elle est en état de rendre est d'autant plus sensible qu'il est absolument impossible de compter sur la première ligne et que, comme nous l'indiquerons bientôt, cette seconde ligne n'est pas non plus entièrement disponible.

Enfin, pour la troisième ligne, un coup d'œil jeté sur la carte montre le détour très grand que les troupes transportées par cette voie seraient obligées de faire. Il ne faut pas non plus perdre de vue que, grâce à sa supériorité, la flotte française pourrait également, dans les conditions indiquées plus haut, rendre cette voie complètement impraticable, bien avant qu'elle ait achevé les transports que nécessiterait le premier déploiement stratégique.

La concentration de l'armée italienne sur le front français est donc exposée à des dangers qui, dans les conditions données, ne seraient pas sans importance.

Des explications qui précèdent on peut conclure que le réseau des chemins de fer italiens est très imparfait au point de vue militaire. Sans entrer dans des détails précis, nous nous bornerons à indiquer les modifications les plus urgentes :

1° L'établissement d'une seconde ligne longitudinale intérieure, puisqu'en raison des motifs invoqués plus haut, les deux voies tracées le long de la côte ne peuvent être considérées comme offrant toute sécurité pour une combinaison stratégique. On pourrait se servir de la section existante, Aquila-Sulmona, en la prolongeant au nord par Réti jusqu'à Terni, et au sud par Avezzano, dans la direction de Roccasecca (ligne Rome-Naples), mais alors la section Naples-Roccasecca devrait être munie d'une double voie ;

2° Une ligne traversant les Apennins, à l'est de la ligne de Poretta, partant des environs de Pontassieve (entre Arezzo et Florence) et se dirigeant sur Imola.

La construction de la section Terni-Rieti-Aquila a été adoptée provisoirement par la Chambre des députés dans la séance du 29 mai 1879, ainsi qu'une seconde ligne à travers les Apennins, de Pontassieve à Faenza.

3° Une ligne traversant les Apennins à l'ouest de la ligne de Poretta, de la Spezia à Parme. Il est indispensable de relier Pietrasanta à Lucques, afin d'éviter de laisser entre la Spezia et la vallée de l'Arno une communication exposée aux coups de l'artillerie venant de la mer, car à Viareggio le chemin de fer Spezia-Pise-Florence longe immédiatement le bord de la mer. L'urgence d'établir cette ligne à travers les Apennins résulte d'abord de la nécessité de mettre Spezia, l'établissement le plus important de la marine italienne, en communication plus directe avec le principal théâtre de la guerre, puis aussi du fait que la Galleria dei Giovi, c'est-à-dire le tunnel qui, sur la ligne de Gênes à Alexandrie, passe sous les Apennins, a occasionné à plusieurs reprises des travaux de restauration très considérables, de sorte qu'en cas de transports continus de masses de troupes, il y aurait tout lieu de craindre de voir se produire des éboulements encore plus graves.

4º La pose d'une double voie non interrompue dans les sections suivantes : Bologne-Plaisance-Alexandrie, Bologne-Padoue-Trévise-Udine et Turin-Milan-Vérone-Trévise.

5º La construction de la section comprise entre Mantoue et Legnago.

La position isolée de la Sicile et sa situation intérieure, qui est loin d'être consolidée, font de cette île un point faible en cas d'une guerre de l'Italie contre une grande puissance maritime. Les forces auxiliaires que l'on pourrait y détacher devraient compenser leur infériorité numérique par une plus grande mobilité, mais le réseau actuel des chemins de fer de la Sicile ne saurait satisfaire à cette condition. Abstraction faite de ce que la ligne Catane-Messine longe immédiatement la côte, il ne faut pas perdre de vue que la communication (future) entre les deux points les plus importants de l'île, c'est-à-dire Messine, base de la défense, et Palerme, la ville politique la plus considérable, fait un détour colossal. En effet, la ligne de Messine par Catane se dirige vers le sud, puis elle part de ce dernier point dans la direction de l'ouest par Léonforte, pour aboutir, entre Pescara et Roccapalumba, à la ligne de Girgenti-Palerme. On peut encore se demander si la constitution topographique de la côte septentrionale, qui constituerait la communication la plus courte entre Messine et Palerme, et qui est coupée par de nombreux cours d'eau descendant de la principale chaîne de montagnes très voisine, permettrait de porter le tracé d'une ligne assez en arrière dans l'intérieur des terres pour la soustraire aux coups d'une flotte ennemie.

D'ailleurs, ce ne sont pas seulement les défectuosités du réseau en lui-même, mais encore les conditions techniques de construction des lignes qui exercent une influence profonde au point de vue de l'emploi militaire des chemins de fer. L'exiguïté d'un grand nombre de gares importantes, l'insuffisance des voies d'exploitation comme nombre et comme longueur, l'absence d'installation pour le chargement et le déchargement, les distances trop considérables entre certaines stations, enfin l'inconvénient résultant de ce que plusieurs et des plus importantes gares forment des têtes de ligne (1), toutes ces raisons déterminèrent le ministre de la guerre, en 1875, à se faire accorder par le Parlement un crédit de 4 millions, afin de pouvoir mettre l'administration de la guerre à même de parer aux principales lacunes, puisque, aux termes des lois de concessions de chemins de fer, on ne pouvait imposer ces dépenses aux compagnies. Il est vrai qu'à l'avenir, les nouvelles concessions contiendront des clauses tenant compte des conditions auxquelles les voies ferrées doivent satisfaire au point de vue militaire.

Les travaux en question furent commencés aussitôt après le vote du Parlement, et l'on entreprit tout d'abord ceux de

---

(1) Tels sont, par exemple, Naples, Rome et Florence, dans toutes les directions ; Mantoue dans la direction Modène-Crémone ; Bologne dans toutes les directions, excepté dans celle de Rimini à Plaisance, condition défavorable à laquelle il faut remédier en créant, dans la direction Pistoie-Modène, au moins une communication directe entre les stations de Panicale et de Lavino ; Falconara (Ancône) en ce qui concerne la direction Rome-Foligno-Falconara-Rimini-Bologne, etc.

la gare de Bologne, que l'on doit considérer comme gare centrale.

Le tableau ci-après donne l'énumération du matériel des chemins de fer italiens.

Dans ces chiffres, la quote-part de la Sicile est d'environ 28 locomotives, 114 wagons de voyageurs et 264 wagons de marchandises, et qui ne seraient pas disponibles sur le continent en cas de mobilisation. En revanche, la compagnie romaine a fait construire, en 1877, 15 locomotives et 125 wagons de marchandises, de sorte que l'Italie pouvait alors disposer pour ses transports militaires d'environ :

1.279 locomotives ;

4.052 wagons de voyageurs, dont environ la moitié de 3e classe ;

12.384 wagons de marchandise couverts ;

10.469 wagons de marchandise découverts.

La qualité de ce matériel laisse beaucoup à désirer et la construction de nouvelles voitures ne s'opère que dans des proportions restreintes.

Nous devons à ce propos signaler le fait qu'en 1878 le colonel d'état-major Marselli, député, lors de la discussion sur l'enquête des chemins de fer, a déclaré qu'il n'existait que 616 locomotives propres aux transports militaires, tandis qu'il en faudrait au moins 720 dans les premiers jours de la mobilisation (1).

Enfin, pour compléter cet aperçu général des ressources dont disposerait l'Italie pour ses transports militaires, nous ajouterons que les sociétés italiennes de navigation à vapeur

(1) Les Italiens ont su mesurer l'étendue des lacunes existantes dans l'organisation de leurs chemins de fer au point de vue militaire, et ils font de leur mieux pour les combler. Le ministère de la guerre réclame une somme de 4.214.000 francs pour compléter ou créer des quais d'embarquement, et pour assurer dans toutes les éventualités le transport facile des troupes et du matériel de guerre. (*Note du trad.*)

DÉSIGNATION des compagnies	LOCOMOTIVES					WAGONS de voyageurs	WAGONS de marchandises	
	Trains de voyageurs	Roues accouplées			TOTAL		Couverts	Découverts
		à 4	à 6	à 8				
Compagnie de la Haute-Italie.	74	324	249	80	727	2179	8183	6339
Compagnie romaine. . .	18	127	95	»	240	834	1789	2464
Compagnie méridionale et calabro-sicilienne.	34	174	117	»	325	1153	2481	1736
Total. . .	126	625	461	80	1292	4166	12453	10539

disposent de plus de 79 bâtiments, qui pourraient transporter 70.000 hommes et 8.900 chevaux.

LES PLACES FORTES

Bien qu'il existe en Italie une foule de villes fortifiées ou, pour parler plus exactement, entourées d'une enceinte, une foule de châteaux forts, de batteries de côte, etc., ces diverses fortifications ne sauraient pourtant être rangées dans la catégorie des forteresses répondant aux nécessités de la guerre moderne; appartenant, par leur nature et par leur état actuel, à un système suranné, elles ne remplissent aucune des conditions requises de nos jours.

C'est pourquoi l'on ne s'occupera ici que des forteresses qui, situées sur des points stratégiques importants et possédant un noyau d'ouvrages plus ou moins utilisables, ont leur place assignée dans le système de défense du royaume.

Ces forteresses sont les suivantes :

a) Les places continentales d'Alexandrie, Casale, Bologne, Capoue, Legnago, Mantoue, Peschiera, Plaisance, Pizzighettone, Vérone et Rome.

b) Les places maritimes de Venise, Ancône, Gênes, Civita-Vecchia, la Spezia, Porto-Ferrajo, Gaëte et Messine.

c) Les forts d'arrêt de Bard, Exilles, Fénestrelle, Vinadio, Rocca d'Anfo, Ceraino et Vintimille.

Palmanova figure bien dans la nomenclature officielle des places fortes; mais, comme son importance stratégique et sa valeur défensive sont nulles, nous n'en parlerons pas ici.

Il n'entre pas dans le cadre de ce travail de donner une description détaillée et technique des divers points fortifiés; on ne trouvera dans ce qui va suivre que des renseignements généraux sur leur valeur militaire.

Les anciennes places autrichiennes de Venise, Vérone, Peschiera, Mantoue, Legnago, Pizzighettone, Ceraino et Rocca-d'Anfo (sur les bords du lac d'Idro) sont, à l'exception de cette dernière, où quelques travaux d'agrandissement ont été entrepris, dans le même état qu'au moment de leur remise à l'Italie (1). En avant de *Venise*, la tête de pont de Malghera ne comprend toujours qu'un seul fort et ne protège nullement la ville, du côté de la terre ferme, contre le tir des pièces de siège modernes (2). Les fronts nord et est de *Vérone* sont toujours aussi faibles que du temps des Autrichiens, qui n'avaient à se couvrir que contre un coup de main et qui avaient porté leurs défenses principales sur les fronts sud et ouest. Pour les Italiens, Vérone n'a aucune importance stratégique; cette ville est trop en dehors de la ligne principale des opérations, et de plus elle ne peut empêcher par elle-même la marche de fortes colonnes qui

(1) Peut-être en plus mauvais état, car plusieurs d'entre elles, notamment Vérone et Legnago, ont été à peine entretenues. La défense des Alpes, depuis leurs crêtes jusqu'aux débouchés des vallées, est confiée aux compagnies alpines dont nous avons parlé; de plus toutes les routes praticables aux voitures sont barrées par des forts d'arrêt, qui ne sont que des casernes défensives pouvant recevoir environ 300 hommes, et dont le but est de retarder la marche de l'assaillant. La forteresse de Rocca-d'Anfo barre la route des Iudicaries à son passage le long du défilé du lac d'Idro ; elle consistera en une grande lunette, avec une tour sur un piton dominant au saillant et trois batteries inférieures.
(Note du trad.)

(2) Venise est, avec Brindisi et Ancône, l'un des trois ports de l'Adriatique où peuvent aborder les navires de guerre. Mais cette place n'est pas seulement une bonne station maritime, car son action est considédérable pour la défense de la frontière de terre, attendu que la tête de pont de Malghera menace les lignes d'opération du Frioul vers le quadrilatère. D'ailleurs il a été accordé tout récemment au ministère de la marine les crédits nécessaires pour porter à 9 mètres la profondeur du canal qui conduit de Malamocco à l'arsenal, de manière à en permettre l'entrée aux grands navires cuirassés. De nombreux forts défendent les passes, et depuis 1858 on a beaucoup multiplié les ouvrages sur le littoral pour s'opposer à tout débarquement et pour empêcher le siège des forts.
(Note du trad.)

voudraient déboucher du Tyrol (hypothèse invraisemblable, du reste). Il suffirait peut-être d'établir à Vérone une tête de pont passagère pour assurer l'écoulement de l'extrême gauche de l'armée, en cas de retraite, et pour couvrir la gare (1).

Les Italiens n'ont pas fait davantage pour la place de *Mantoue*, point de la dernière importance, aussi bien dans une guerre contre la France que dans une guerre contre l'Autriche, parce qu'il assure une communication indispensable avec Bologne. Pour que cette forteresse fût en état d'arrêter l'offensive de l'adversaire sur la rive droite du Pô, par la voie Emilienne, et en même temps de s'opposer à la marche et au déploiement de ses colonnes sur la rive gauche de ce fleuve, il faudrait faire entrer toute l'île du Seraglio dans le périmètre de la place, de manière à assurer la communication directe entre Mantoue et Borgoforte ; il faudrait, de plus, construire une forte tête de pont en avant du front nord-est (2).

Il n'a rien été fait non plus pour *Legnago*, pour *Peschiera*,

(1) Vérone, à cheval sur l'Adige, au bas des derniers contreforts des monts Lessini, a un développement de fortifications considérable. L'ensemble des défenses de cette place comporte en tout vingt-neuf forts, dont un formé de quatre tours séparées. Tous ont été construits par les Autrichiens. Cette place serait plutôt nuisible qu'utile aux Italiens, qui en ont proposé le déclassement ; mais il est probable qu'on conservera dans tous les cas les ouvrages de la rive gauche de l'Adige.

(*Note du trad.*)

(2) Il est certain que dans leur état actuel les fortifications de Mantoue n'ont qu'une valeur défensive peu sérieuse. Mais, ainsi que nous l'avons vu, c'est un nœud de chemins de fer peu important, et les Italiens se proposent de compléter l'immense camp retranché que doit former cette place. Alors l'armée qui l'occupera aura toute facilité pour rayonner dans tous les sens et ne pourra que difficilement être investie, à cause des grands cours d'eau qui l'entourent. Elle pourrait en outre prendre en flanc la dangereuse ligne d'opérations qu'occuperait l'ennemi de Padoue sur Bologne par Ferrare, et inquiéter aussi la marche d'un ennemi venant de l'ouest, qui chercherait à pénétrer dans la Péninsule après avoir masqué Plaisance. (*Note du trad.*)

dont le front nord est complètement ouvert, ni pour *Ceraino*, dont les défenses sont, comme on sait, tournées vers le sud. *Pizzighettone* est une tête de pont sans la moindre importance sur l'Adda (1).

La forteresse d'*Alexandrie* est située au confluent du Tanaro et de la Bormida, à 17 kilomètres environ à l'ouest du point où le Tanaro se jette dans le Pô. Elle se compose d'un corps de place construit en terre et bien entretenu, à l'exception des portes (la citadelle seule est du système permanent) et de trois lunettes demi-permanentes placées respectivement sur les fronts ouest, sud et est. Ces trois lunettes sont si rapprochées de la place et ont si peu de valeur technique, qu'il est absolument impossible de les considérer comme des forts détachés; on ne peut les considérer que comme de simples ouvrages avancés, d'autant plus que, par exemple, la lunette qui bat le chemin de fer n'est pas située sur la rive droite de la Bormida, ce qui lui donnerait une signification offensive, mais bien sur la rive gauche. Dans son état actuel, Alexandrie n'a aucune valeur soit au point de vue de la défensive tactique, soit au point de vue de l'offensive stratégique. Pour la mettre en état de remplir son rôle, dont il

(1) On sait que les places du quadrilatère étaient Vérone, avec Pastrengo, Legnago, Peschiera et Mantoue.

Legnago est une double tête de pont sur l'Adige, que les Italiens conservent dans son état actuel parce qu'elle est suffisante pour seconder les opérations que l'on peut tenter de ce côté.

Peschiera protège un bon port sur le lac de Garde et forme tête de pont double sur le Mincio; elle possède une enceinte en avant de laquelle se trouvent plusieurs lunettes et elle est couverte en partie par les inondations du Mincio. Cette petite place doit être conservée dans son état actuel, comme ouvrage détaché de Mantoue, destiné à garder la ligne du Mincio.

Pizzighettone a des ouvrages assez sérieux sur la rive droite de l'Adda et une bonne tête de pont sur la rive gauche. Cette petite place n'est peut-être pas aussi insignifiante que veut le dire le colonel von Haymerlé. *(Note du trad.)*

sera parlé plus loin, il faudrait non seulement établir à
grande distance une ceinture de forts sur la rive droite du
Tanaro et de la Bormida, mais encore pousser les défenses
au delà du Tanaro, jusque sur les hauteurs de San Salvadore,
de manière à conserver le libre passage du Pô à Valence.

Ce qu'il y aurait encore de mieux serait d'établir une liai-
son directe entre les forteresses d'Alexandrie et de Casale.
Mais ce projet, objecte-t-on, conduirait à donner à la ligne
des forts détachés un développement trop considérable, et il
exigerait de plus la construction d'une tête de pont passagère à Candia, sur la Sésia, pour assurer les communications entre les deux places (1).

Casale est le complément d'Alexandrie : à cheval sur le
Pô, en communication constante avec Alexandrie, si l'on
tient compte des forces offensives qui se trouveraient dans
cette dernière place, Casale commande complètement la rive
gauche du Pô et s'oppose efficacement et facilement à tout
mouvement tournant de l'ennemi par la Sésia, surtout si l'on
couvre par une tête de pont passagère le passage de la Sésia
à Verceil.

Dans son état actuel, Casale est une forteresse sans aucune
valeur. Elle se compose, sur la rive droite du Pô, d'un petit
corps de place d'ancien système, à peine entretenu, et sur
la rive gauche, d'une tête de pont permanente qui ne couvre
nullement contre le tir d'écharpe des batteries ennemies les
ponts destinés à assurer les relations habituelles entre les
deux rives ; le pont du chemin de fer, établi en dehors de la
tête de pont, se trouve par suite complètement sous le feu

(1) Alexandrie, très forte contre une attaque venant de l'est, est beau-
oup moins bien située contre une attaque venant de l'ouest ; elle peut
être tournée par le sud et cernée dès le début des hostilités. Aussi les
Italiens ne font-ils que conserver les ouvrages existants ; il a même été
question de déclasser la place.   (*Note du trad.*)

de l'assiégeant. Sur la rive gauche du Pô, et située sur la pente douce d'un des contreforts qui se projettent vers le fleuve, s'élève en avant de la place une tour qui, dominée de toute part, n'a absolument aucune importance.

La place de *Plaisance* comprend, sur la rive droite du Pô, une enceinte d'ancien système, bien entretenue, sans ouvrages détachés, et sur la rive gauche une tête de pont à ligne continue d'un profil très faible, qui ne protège ni les ponts ni la ville contre les effets d'un bombardement. Dans son état actuel, Plaisance ne peut en aucune façon être considérée comme assurant le passage d'une rive à l'autre, et elle ne saurait, à plus forte raison, servir de point d'appui pour une opération stratégique quelconque. Le complément nécessaire de Plaisance, si l'on voulait donner à cette place un caractère offensif, serait, d'une part, la mise en état de défense du défilé de la Stradella, situé à 24 kilomètres environ à l'ouest de la place, défilé dont on ne peut laisser la possession à l'ennemi sans renoncer par cela même à toute action vers l'ouest; et d'autre part la construction d'une tête de pont à Crémone pour faciliter soit la retraite de l'aile droite de l'armée, soit la reprise de l'offensive (1).

Suivant l'opinion d'un grand nombre de militaires compétents, Plaisance, avec le défilé de la Stradella qui la précède, est le point autour duquel se grouperait la défense contre une attaque venant de la France, et il conviendrait, par suite, de transformer cette place en un camp retranché permanent. Assurée, par des ouvrages de fortification, de la

---

(1) Les Italiens se rendent parfaitement compte de l'importance de Plaisance et se proposent d'en faire un grand camp retranché permanent, avec une vaste tête de pont sur la rive gauche du Pô et des ouvrages qui s'appuieraient aux Apennins, comme l'indique l'auteur. Il est vrai qu'au lieu de 20 millions demandés primitivement pour créer cette place nouvelle, le projet réduit se borne à 4 millions pour des améliorations, mais jusqu'alors on n'a rien fait.　　　　　*(Note du trad.)*

possession du défilé de la Stradella et des deux rives du Pô, l'armée italienne, battue sur sa position principale aux débouchés des Alpes occidentales, aurait incontestablement une retraite assurée. En effet, le défilé de la Stradella est impossible à tourner stratégiquement par la rive droite du Pô, et il est extrêmement difficile à attaquer tactiquement ; d'autre part, le Pô couvre très efficacement le front nord de la position. Il ne faut pourtant pas perdre de vue que l'armée italienne, entassée dans le couloir étroit que forment le Pô et les Apennins, se trouverait dans une situation peu favorable à la reprise rapide de l'offensive. En second lieu, les ouvrages destinés à défendre le défilé de la Stradella devraient recevoir un développement assez considérable, car à partir du Pô, les hauteurs vont continuellement en s'élevant vers le sud et prennent un commandement de plus en plus marqué les unes sur les autres.

D'autre part, des militaires non moins compétents s'élèvent contre un accroissement des fortifications permanentes de Plaisance et contre l'idée de faire de cette place le pivot de la défense. Après avoir organisé en ce point une position défensive, presque tout, disent-ils, serait encore à faire ; car, si l'armée italienne a subi un échec grave dans la vallée haute du Pô, sa position à cheval sur le Pô, à Plaisance, n'interdit pas à l'adversaire un large mouvement tournant par la Lombardie ; si l'armée italienne est, au contraire, encore intacte et si elle ne s'est retirée sur Plaisance que dans un but stratégique, son premier objectif doit être de reprendre l'offensive le plus tôt possible. Or on ne peut songer à une pareille offensive qu'autant que le défenseur est maître non seulement du défilé de la Stradella, mais encore qu'il possède des têtes de pont en amont sur le Pô, vers Mezzanacorte, ainsi que sur le Tessin, à Pavie. La contre-offensive italienne est encore subordonnée à la condition que l'ennemi ne soit maître ni d'Alexandrie, ni de Casale, ni de la ligne de la Sésia. Or à Alexandrie et à Casale, les conditions du terrain ne permettent pas de défendre ces deux points, à moins que, pour rendre leur défense possible, on ne donne aux ouvrages un développement hors de proportion pour des places d'importance secondaire. Puis où prendrait-on, sans disséminer l'armée, les forces nécessaires pour occuper les groupes Alexandrie-Casale, Plaisance-Stradella-Pavie, Mantoue-Borgo-Forte-Bologne, pour occuper Gênes, la Spezia et tant d'autres points tels que la vallée de l'Arno, Rome, Naples, la Sicile, etc., qu'il faudrait peut-être défendre en même temps? D'autre part, il est incontestable que la possession du groupe Alexandrie-Casale rend maître de tout le Piémont; et que par suite le défenseur doit faire tous ses efforts pour conserver ces points en son pouvoir, d'autant plus que les avantages tactiques des places d'Alexandrie et de Casale se trouvent sur le front est, ce qui rendrait très problématique la reprise de ces deux places par une offensive éventuelle de l'armée italienne débouchant de Plaisance-Stradella. Les hauteurs cessent immédiatement auprès de ce front et dominent par conséquent le terrain sur lequel devrait se déployer une attaque venant de l'est; en outre, quand on défend la position face à l'est, on a les rivières devant soi, tandis qu'on les a derrière soi lorsqu'on défend la position face à l'ouest. Les Français pourraient donc, une fois maîtres d'Alexandrie et de Casale, se créer très rapidement sur cette ligne une position défensive extrêmement forte, qui non-seulement leur donnerait une excellente base pour leur offensive à travers la Lombardie, mais encore paralyserait la contre-offensive de l'armée italienne, et priverait complètement cette armée des ressources du Piémont pendant toute la durée de la guerre. Il n'est pas nécessaire d'insister sur l'importance du gage que consti-

tuerait la possession du Piémont au moment de la conclusion de la paix. En résumé, il est certain que la défense du
groupe Alexandrie-Casale présente pour les Italiens de
nombreux désavantages tactiques, surtout parce que les
rivières coulent, comme il a déjà été dit, derrière le front
de défense, et parce que les ouvrages devraient recevoir un
très grand développement par suite de la nature du terrain,
qui va en s'élevant graduellement du côté de l'ennemi.

Le choix entre Plaisance et Alexandrie soulève ainsi une
question qui ne peut être résolue qu'en pesant l'influence
que les conditions tactiques peuvent exercer sur les exigences
stratégiques. Ce qu'il y a de certain, c'est que tant que la
position Alexandrie-Casale reste au pouvoir de l'armée italienne ou bien n'est point paralysée par un blocus (1), le
Piémont n'est pas perdu; un mouvement tournant par la
Lombardie est impossible, et l'armée française, ayant immédiatement sur ses derrières le massif peu praticable des
Alpes, se trouve dans une situation toujours précaire. Ajou-
tons qu'il n'y a guère à songer à tourner par le sud l'armée
installée dans la position Alexandrie-Casale, surtout si les
passages qui viennent de Gênes sont fermés par des ouvrages
à leur débouché dans la plaine, de manière à commander,
à portée de canon pour ainsi dire, tout le terrain praticable
qui s'étend entre ces passages et les deux forteresses.
L'exemple de Metz ne saurait être invoqué ici, d'abord parce
que la retraite des Français dans cette place fut surtout une
faute stratégique, et ensuite parce qu'il ne fut rien tenté ni
pour défendre la Moselle ni pour troubler sérieusement le
mouvement tournant des armées allemandes. La très grande
proximité du théâtre des premiers évènements ne peut en
rien faire pencher la balance contre le choix d'Alexandrie,

(1) Dans l'état actuel de ces places, un pareil blocus serait très facile à
établir avec peu de troupes.

cette proximité ne pouvant nuire en rien à la retraite de l'armée, tant est grand le nombre des bonnes routes qui se dirigent sur ce groupe fortifié. Au contraire, l'armée italienne, battue sérieusement en avant de ses positions fortifiées courra d'autant moins de danger qu'elle atteindra plus rapidement l'abri fourni par ses forteresses et qu'elle n'aura pas à parcourir les 80 ou 100 kilomètres de plus que comporterait le choix de Stradella-Plaisance. En tout cas, il sera du plus haut intérêt de voir dans quel sens cette question aura été tranchée.

Bologne. — La fortification de cette place comprend trois parties :

a) Le noyau ;

b) L'enceinte continue située en avant ;

c) Les ouvrages détachés.

a) Le noyau consiste en un corps de place d'ancien système, enfermant toute la ville ; ce noyau est mal bâti en certaines parties, mais son ensemble est bon et son état d'entretien est suffisant pour le mettre à l'abri d'un coup de main.

b) L'enceinte continue, située à environ 500 mètres en avant du noyau, se compose d'un parapet de très faible profil, sans fossé, et précédé de flèches. Le tout est en terre et si insignifiant, si déformé, si couvert de végétation, qu'on a de la peine à y reconnaître des ouvrages de fortification.

c) Les ouvrages détachés sont situés les uns dans la plaine, les autres sur les hauteurs qni couronnent Bologne au sud. Ils sont tous en terre, avec un certain nombre d'abris blindés en bois ; ils sont, en général, comme tracé et comme profil, de très petite dimension ; les uns sont à peine entretenus, les autres tombent en ruine, comme le fort du mont Paderno, par exemple. La tête de pont de Casalecchio, sur le Reno, qui relie, sur le front ouest, les forts de la plaine aux hauteurs de la Madone de Saint-Luc, est un ouvrage en ruine, sans aucune valeur et complètement dominé sur son front, à portée de fusil, par les pentes du mont Capra.

Les forts détachés de la plaine sont situés sur les routes qui de Bologne se dirigent en éventail vers le Pô, à 1.000 ou 1.500 pas du noyau, c'est-à-dire à une distance trop rapprochée pour mettre la ville, ses magasins et ses établissements à l'abri d'un bombardement, et pour donner un abri assuré aux troupes de sortie campées à l'intérieur de la place. Il y a bien, au sud, des emplacements favorables au campement des troupes sur les hauteurs qui s'étendent entre le Reno et la Savana, hauteurs couronnées, ainsi qu'il a été dit précédemment, par la ceinture de forts qui va de Saint-Luc à Jola par Paderno ; mais ce massif manque d'eau.

On voit, par cette courte description, que la place de Bologne, destinée à constituer le refuge principal des armées italiennes et à s'opposer pour la défense de l'Apennin, à une invasion de l'Italie centrale, ne possède ni la force défensive ni les qualités offensives nécessaires ; elle ne réunit sous aucun rapport les conditions que le système de guerre actuel réclame des grandes forteresse d'armée (les camps retranchés).

Il y a bien un grand projet qui doit donner à la place les qualités d'un camp retranché constitué selon les idées modernes, en faisant entrer dans son périmètre les hauteurs du mont Calvo à l'est, du mont Capra à l'ouest, du mont Sabina au sud, et en poussant de solides ouvrages dans la plaine. Ce projet comporterait également la constitution d'un groupe de forts détachés sur les hauteurs de Montebudello et de Monteveglio, au sud de Bazzano, ayant pour objet de s'opposer à un mouvement tournant par les routes nouvellement construites qui se détachent de la voie Emilienne à l'est de Modène et conduisent par Vergale.à la route et au chemin de fer de la Poretta. Seulement, la réalisation d'un pareil projet est encore bien éloignée. Il existe de petits forts d'arrêt sur les routes qui, de Parme et de Reggio, conduisent à travers l'Apennin, vers la Spezia; mais, tant par leur position que par la nature de leur construction, ils n'ont absolument aucune valeur.

Capoue, sur le Volturne, possède quelques vieux ouvrages insignifiants qu'on songe à étendre et à améliorer de manière à créer un point d'appui intermédiaire entre Rome et Naples. Cette dernière ville est dans une situation topographique telle qu'il serait impossible de la défendre directement contre un débarquement ennemi effectué avec des forces importantes, et la route de Rome serait complètement ouverte, si l'on n'organisait pas sur le Volturne une résistance sérieuse s'appuyant sur la mise en état de défense de Capoue, et encore cette opération serait-elle rendue excessivement difficile par la nature du terrain.

Rome (1). — La ville est ceinte de murailles très élevées, datant du moyen âge, flanquées de tours et pour la plupart isolées ; ces murailles peuvent, avec quelques légers travaux, être mises en état de résister à un coup de main.

Le projet d'entourer Rome d'une ceinture de forts détachés fut conçu immédiatement après la prise de possession de cette ville en 1870; on s'en occupa sérieusement en 1873,

(1) Située au nœud de toutes les routes qui mettent le nord de l'Italie en communication avec le sud et peu éloignée de la mer, la capitale de l'Italie courrait un véritable danger si elle était attaquée après un débarquement effectué à Civita-Vecchia. C'est pour cela que l'on se propose de fortifier les points de la côte romaine où un débarquement serait à craindre, et que l'on s'est empressé de créer des forts autour de Rome, pour assurer la sécurité de la capitale. *(Note du trad.)*

les rapports avec la France étant devenus plus tendus; mais il ne reçut un commencement d'exécution qu'en 1876. A ce moment en effet, l'Angleterre se montrant de plus en plus menaçante en présence de l'attitude sympathique de l'Italie pour les Russes dans la question d'Orient, il y avait à envisager la possibilité d'un conflit et par suite l'éventualité d'un débarquement entre Livourne et Naples.

Dans le courant de l'année 1879, sept forts seront terminés, savoir : un sur la rive gauche du Tibre, barrant l'ancienne voie Appienne contre une attaque venant de Naples, et six sur la rive droite, destinés à couvrir les fronts nord et ouest contre une attaque venant de Civita-Vecchia. On doit entreprendre en 1879 la construction de cinq autres forts, tous sur la rive gauche du Tibre, en avant des fronts sud et est. Ils seront situés : le premier, entre le fort de l'ancienne voie Appienne et la rive gauche du Tibre, le deuxième, entre les voies Tusculienne et Casilinienne; le troisième, sur la voie Prænestine; le quatrième sur la voie Tiburtine; le cinquième, au nord-ouest du précédent, sur la rive gauche de l'Anio. Tous ces forts occupent des positions parfaitement choisies et sont assez éloignés de la ville pour la mettre à l'abri d'un bombardement. Ils appartiennent au système demi-permanent, avec des casemates et des magasins à poudre revêtus en pierre; leurs dimensions sont très vastes et leur profil très fort; les plus grands d'entre eux sont armés de vingt-huit canons. Un grand inconvénient pour la défense de Rome (comme pour l'attaque, du reste), c'est le climat de la Campagne romaine, qui est très malsain, surtout pendant l'été, et qui a fait de cette campagne un véritable désert.

Les fortifications d'*Ancône* se composent des batteries destinées à la défense du port, du noyau et des forts détachés du côté de la terre.

Les batteries de côte, avec murs détachés, suffisent peut-être à la défense du port, mais ne permettent certainement pas celle de la rade. Ancône doit servir de refuge éventuel à la flotte; mais, comme la plus grande partie des navires ne pourraient mouiller que dans la rade (le port étant trop petit et fortement ensablé), il s'ensuit que les défenses du côté de la mer ne remplissent leur but que partiellement et dans certaines conditions.

Le noyau est formé par la ville, qui est pourvue d'une enceinte assez forte et suffisamment entretenue pour mettre la ville et le port à l'abri d'un coup de main du côté de la terre.

Les forts détachés qui forment une ceinture au sud d'Ancône, du côté de la campagne, sont construits, les uns en terre, les autres en maçonnerie; ces derniers sont en bon état d'entretien, les ouvrages en terre sont en partie ruinés, comme celui du mont Ago par exemple. La ligne des forts détachés est marquée au sud-est par les monts Agnolo, Ago et Acuto; elle est située assez en avant (3.000 à 5.000 pas) pour protéger la ville et le port contre un bombardement. Le front continental d'Ancône est susceptible d'être rendu excessivement fort au moyen de quelques travaux, et il peut d'autre part être suffisamment défendu avec une garnison relativement peu considérable (environ 8.000 hommes). Le point faible se trouve du côté de la mer. Comme établissement maritime, Ancône est complètement abandonnée (1).

Gênes. — Les fortifications de cette place se composent des batteries du port, du noyau et des ouvrages avancés; tout cet ensemble appartient à l'ancien système de fortification

(1) Cette place barre non seulement la route du littoral, mais encore se trouve au débouché des meilleures communications entre les deux versants de l'Apennin. Elle pourrait servir d'appui aux opérations des Autrichiens contre Rome. *(Note du trad.)*

permanente. Sans entrer dans la description détaillée de ces ouvrages, nous en signalerons brièvement les côtés faibles. Gênes a surtout de l'importance dans une guerre contre la France. Située à l'aile gauche de la base d'opérations et de la ligne de défense, Gênes-Alexandrie-Verceil, sa chute non seulement permettrait de déborder cette aile gauche, mais aurait encore une très grande portée au point de vue des conséquences politiques ; en effet, Gênes, par sa richesse, par son importance industrielle et commerciale, est une des premières villes, un des premiers entrepôts de l'Italie.

Gênes peut être attaquée par terre et par mer (1). L'attaque par terre se porterait naturellement sur le front ouest, non seulement pour rester liée à l'action de la flotte, mais encore parce que vraisemblablement l'ennemi venant de l'ouest prendrait sa ligne d'opérations par la rivière de Gênes. En effet, une attaque par le nord ou le nord-est suppose au préalable la prise ou le blocus effectif d'Alexandrie ; en outre, l'attaque par le nord ou par l'est est la moins facile sous le rapport tactique ; le front est notamment, si l'on admet qu'un débarquement soit opéré de ce côté, est suffisamment protégé par les forts Quezzi, Monteratti, Richelieu, Santa Tecla, San Martino et San Giuliano,

C'est précisément du côté de l'ouest que Gênes est très faible. L'ouvrage le plus avancé dans cette direction est situé

(1) Gênes est située au pied de l'Apennin ligurien, au fond du golfe de Gênes et au point de départ des trois routes et du chemin de fer des cols de la Bocchetta, de Giovi et de Montebruno ; c'est la clef qui permet de tourner les Apennins, et l'ennemi qui en serait maître aurait une excellente base d'opérations contre Alexandrie, Plaisance ou la Spezia. On peut être d'avis que si du côté de la mer les fortifications sont insuffisantes, du côté de terre au contraire elles sont suffisamment fortes. On se propose d'ailleurs d'augmenter les défenses du côté de la mer. Il ne faut pas perdre de vue qu'en 1800, Masséna soutint un siège mémorable dans cette place, moins bien fortifiée qu'aujourd'hui, et qu'il existe en avant, dans les montagnes rapprochées, d'excellentes positions qu'il serait facile de rendre très fortes à l'aide de retranchements de campagne.   (*Note du trad.*)

sur le dernier contrefort de l'arête qui s'étend le long de la Polcevera jusqu'à la mer et domine complètement le front ouest. Et tant que les hauteurs de la rive droite de la Polcevera ne seront pas couronnées par des ouvrages défensifs, la place de Gênes sera entièrement découverte du côté de l'ouest. D'autre part, comme ces hauteurs s'élèvent graduellement jusqu'au mont Guardia, comme elles sont assez facilement accessibles pour leurs pentes occidentales, il serait nécessaire d'étendre le front de défense jusqu'au mont Guardia, avec des forts intermédiaires sur les monts Croo et Pria-Scugiente. Il est vrai qu'on peut se contenter d'élever sur ces points des tours bien défilées, n'exigeant pas un armement très-considérable, car ces ouvrages n'auraient à jouer qu'un rôle passif, qui consisterait à interdire à l'ennemi l'accès de ces points; de plus, il ne serait pas possible, vu la nature du terrain, de diriger contre eux une attaque en règle ou un bombardement sérieux.

La situation de Gênes est encore plus défavorable du côté de la mer. Le port n'est pas un port naturel; il a été créé artificiellement à l'aide d'une digue, dans une grande rade peu profonde. Son entrée pourra être fermée efficacement par les batteries du môle, dont on s'occupe d'augmenter la puissance, et par des lignes de torpilles; mais ces moyens de défense n'empêcheront jamais une escadre de cuirassés ennemis de s'établir devant quelques-unes des batteries et hors de la portée des autres, puis de réduire les premières au silence, tout en criblant de projectiles la ville, complètement découverte. Cette éventualité ne pourrait être écartée qu'au moyen de forts flottants, tels que le *Duilio*, le *Dandolo* et les autres navires de même type que l'on construira plus tard.

Ce qu'on vient de dire de Gênes s'applique aussi, naturellement, au cas d'une guerre maritime avec l'Angleterre, et montre que cette place est un des points les plus vulnérables dans un conflit soit avec la France, soit avec l'Angleterre. Gênes a été complètement abandonnée tant qu'établissement de la marine militaire.

La *Spezia* est le premier arsenal et la première station maritime de l'Italie. La rade de la Spezia, sur le rivage occidental de laquelle s'élèvent la ville et l'arsenal, est barrée par une digue artificielle en pierres, dans laquelle on a ménagé, à gauche et à droite, des passes qui ont respectivement une largeur de 430 et de 230 mètres, avec une profondeur de 12 mètres. La construction de la digue est déjà assez avancée pour qu'aucun navire ne puisse la franchir ; elle se tasse continuellement par suite de la nature du fond de la mer, et il n'a pas encore été possible de la porter à fleur d'eau. L'entrée de la rade, en général, ainsi que celle des deux passes ménagées dans la digue, sont défendues par des batteries nombreuses, solides et bien placées ; de sorte que, malgré l'importance des travaux qui restent à exécuter en ce point, on peut considérer la Spezia comme protégée du côté de la mer.

Il a fallu se préoccuper également de mettre cette station de la flotte, la plus importante du royaume, et son arsenal grandiose, à l'abri non seulement d'un coup de main, mais encore d'une attaque en règle du côté de la terre. Il était nécessaire d'arriver au but cherché avec le moins de travaux possible, condition à laquelle ne se prêtait pas le terrain très coupé qui entoure la rade de la Spezia. La commission de défense n'a pas cédé à la tentation d'occuper un grand nombre de points, ce qui aurait donné un trop grand développement aux fortifications ; elle a adopté un projet comportant la construction de trois groupes principaux. Les deux groupes des ailes se relient aux ouvrages de la côte, dont ils couvrent les derrières. Le groupe du centre ferme

les deux seules routes par lesquelles l'ennemi puisse déboucher sur la Spezia, c'est-à-dire la route de Gênes par Sestri
et celle de Parme par Sarzana.

Ce projet repose sur l'idée très juste qu'il ne s'agissait
pas de créer un camp retranché à vaste développement, pour
servir de point d'appui à de grandes opérations de guerre
continentale ; en effet, la Spezia n'est située sur aucune
ligne d'opérations importante ; sa position, excentrique au
point de vue géographique, et peu accessible au point de
vue stratégique, la met complètement en dehors des vues
et des manœuvres de l'armée principale. Il va de soi que,
pour des opérations dans la vallée de l'Arno, la place de la
Spezia pourrait éventuellement jouer un rôle.

Les travaux de défense de la Spezia du côté de la terre
sont en cours d'exécution ; il s'écoulera bien des années
avant qu'ils ne soient terminés ; pourtant, les plus importants, notamment les forts sur la route de Gênes, sont déjà
très avancés (1).

Les places de *Portoferrajo* et de *Longone* (2) sont toutes
deux d'ancien système ; il faudra les transformer à la
moderne et les agrandir, si l'on ne veut pas renoncer à la
défense d'une île aussi importante que l'île d'Elbe.

Les fortifications de *Civita-Vecchia*, petite place située au
bord même de la mer et à fleur d'eau, avec des murailles
détachées pour la plus grande partie, ne remplissent ni du
côté de la mer ni du côté de la terre les conditions nécessaires pour protéger ce point important, qui peut servir de

(1) On pourrait aussi occuper au besoin, en y construisant des retranchements de campagne, les hauteurs qui entourent la ville et l'arsenal,
à droite et à gauche de la position de l Foce, où passe la route de
Gênes.   (*Note du trad.*)

(2) Ces deux ports principaux de l'île d'Elbe, mis en état de défense,
pourraient abriter une flotte destinée à surveiller le littoral de la
Toscane et à protéger Livourne.   ·   (*Note du trad.*)

base à une attaque contre Rome. Civita-Vecchia est d'autant plus exposée, qu'une flotte peut facilement mouiller et débarquer au monte Argentaro, à quelques milles au nord, et que l'ennemi peut de ce point attaquer Civita-Vecchia par terre (1).

Gaëte est située à l'extrémité nord-ouest du golfe de même nom ; la côte, qui décrit vers le sud une courbe peu prononcée, n'est pas vue par le canon de la place. A la vérité, les ouvrages commandent bien le port et la rade qui le précède (2) ; mais, dans leur état actuel, ils ne sauraient empêcher des navires ennemis de venir se poster devant l'embouchure du Garigliano pour couper la communication entre Gaëte et Capoue, en canonnant la route qui, en ce point côtoie immédiatement le rivage.

Messine possède une citadelle et quelques batteries de côte qui sont complètement insuffisantes pour assurer la défense de cette ville importante par elle-même, et dont la valeur s'accroît encore par suite de sa situation sur le détroit de même nom qui sépare la Sicile du continent. En effet, pour tenir en Sicile, pour conserver la faculté d'y envoyer des renforts de troupes et de matériel, il faut être absolument maître du détroit ; en second lieu, il est indispensable aussi que le corps de défense possède un point de retraite solide, protégé par une ceinture de forts du côté de la terre, et d'où il puisse dans un cas extrême gagner en sécurité la côte de Calabre (3).

(1) Les Italiens se proposent de compléter les fortifications de cette ville, que les Français avaient déjà commencé à améliorer pendant l'occupation des États romains.   (*Note du trad.*)

(2) Les fortifications de Gaëte, quoique très anciennes, sont sérieuses et étendues ; les défenses de la place seront augmentées, surtout du côté de la mer.   (*Note du trad.*)

(3) Les défenses du détroit et de la ville doivent être beaucoup aug-

Par conséquent, il est donc absolument indispensable pour Messine, en prévision de l'éventualité d'une guerre avec une des grandes puissances maritimes, de développer ses batteries du côté de la mer et de construire un front complet de défense du côté de la terre. Cet accroissement de défense est d'autant plus urgent que la Sicile offre à une armée de débarquement des points d'attaque très nombreux, tels que Syracuse, Augusta, Palerme, Milazzo, Trapani, Girgenti, etc., dont quelques-uns ont en même temps une grande importance politique. Étant donné le faible effectif que présenteront les troupes dont on peut disposer, dans certains cas déterminés, pour la défense de la Sicile, il est impossible de faire abstraction du cas extrême que nous avons mentionné plus haut.

Sur la frontière française, les *forts d'arrêt* de Bard, Exilles, Fénestrelle, Vinadio et Vintimille, ont été agrandis et perfectionnés en tenant compte de la portée des canons modernes; on les a armés de pièces de gros calibre (1). En outre, on a entrepris des ouvrages analogues sur le mont Cenis, au col de Tende, au Saint-Bernard (col de Zuccarello), au col de Naya et au col d'Altare ; mais l'achèvement de

mentées ; elles sont destinées à former une grande tête de pont double à cheval sur le détroit ; la ville fournira, en cas de besoin, un refuge pour les troupes battues et appuiera la défense mobile de l'île.
(Note du trad.)

(1) Le fort de Bard se trouve dans un défilé des Alpes qui commande toutes les communications de la vallée d'Aoste avec la plaine. Pour barrer la route du mont Cenis et pour empêcher que le fort d'Exilles ne soit tourné, il ne restait qu'un fortin sans valeur appelé *le fort du Chat*, auquel les Italiens viennent d'ajouter à la *Grande-Croix*, à l'extrémité du plateau du Cenis, un fort et une batterie destinés à battre la nouvelle route et le chemin muletier qui a remplacé l'ancienne.

Le fort d'Exilles barre la branche nord, et la forteresse de Fénestrelle la branche sud de la route du mont Genèvre, qui vient de Briançon et se bifurque au pied du col. Les fortifications de Vinadio interceptent la vallée de la *Stura*. Vintimille intercepte la route de la Corniche.
(Note du trad.)

tous ces travaux exigera encore deux ou trois ans, sinon davantage (1).

Sur la frontière autrichienne, à l'exception de Rocca d'Anfo et de Ceraino, dont nous avons parlé précédemment, il n'existe aucun fort d'arrêt. En 1875, le Parlement a voté 14 millions pour la construction de forts d'arrêt sur la frontière française et sur la frontière autrichienne. Sur cette dernière, les points à fortifier étaient Rivoli, le mont Pipolo (dans la vallée de l'Adige), le pas des Fudazze (dans le val d'Arsa), Edolo (au pas d'Aprica), Primolano (dans le val Lugano), Castell Lavazza (dans la vallée de la Piave), Ospedaletto (dans la vallée du Tagliamento) et Stupizza (dans la vallée du Natisone, sur la route conduisant de Cividale à Karfreit, sur l'Isonzo). Toutefois, pour des motifs politiques, on renonça momentanément à la construction de ces forts, et l'on consacra la totalité des crédits votés à fortifier la frontière du côté de la France et à commencer les fortifications de Rome. Il a été déposé récemment un nouveau projet de loi, portant ouverture d'un crédit de 25 millions, dont 9 millions pour construire des forts d'arrêt sur la frontière autrichienne, en tenant compte des modifications exigées par les nouvelles routes ouvertes depuis 1875, et 4 millions pour l'amélioration de Venise et d'Ancône. De plus, on soumettra aux Chambres des projets déjà présentés à différentes reprises, et relatifs à l'application définitive du plan de défense du royaume.

(1) Le fort de *San Dalmazzo di Tende*, que les Italiens viennent de commencer, est situé au défilé qui ferme au sud le bassin de Tende, et il est destiné à battre l'entrée de la petite vallée de Briga. Ils construisent également un fort d'arrêt *au col de Nava*, pour barrer la route du col de ce nom, et un autre au. *col San Bernardo* pour intercepter la route qui porte ce dernier nom. Pour barrer la route du *col de Cadibon*, ils ont commencé aussi un fort au-dessus d'Altare, qui battra probablement aussi la voie ferrée passant un peu au nord de la route de terre.

(*Note du trad.*)

Puisqu'il est question des forts d'arrêt sur la frontière autrichienne, il convient peut-être de mentionner ici que dans le projet de loi présenté en 1875 par le ministère des travaux publics pour la « construction de routes dans les provinces qui en manquent le plus (*Costruzione di strada nelle provincie che più diffettano) di viabilita*), » le Parlement a voté l'établissement de deux routes carrossables dans les hautes vallées de la Piave et du Tagliamento. Ces routes, comme on va le voir, ont surtout un but militaire.

1. La voie, déjà carrossable en partie, qui va de Tolmezzo à Rigolato et San Stefano (dans la Piave supérieure) et qui conduit par le mont Croce sur notre frontière ; de là on peut, en quelques heures, gagner Imichen, ainsi que la route et le chemin de fer du Pusterthal, par un chemin mauvais, il est vrai, mais qui peut néanmoins être utilisé au besoin.

2. La voie carrossable qui, partant d'Auronzo (dans la haute Piave), traverse, toujours sur le territoire italien, la vallée de l'Anzieri, la crête alpine, Misurina, le col San Angelo, débouche à une proximité des plus dangereuses de la route d'Allemagne.

Par ces deux routes, on peut tourner de plus ou moins près la route d'Allemagne, menacer nos communications dans le Pusterthal, déborder notre ligne de défense de la Save et de l'Esack supérieur, et préparer ainsi l'attaque du fort François et du col de Brenner, en tournant Trente.

L'importance du rôle joué par l'armée dans la nation.

Après la solution donnée par les évènements de 1866 à la lutte entreprise par l'Italie pour la conquête de son unité, cette unité n'était rien moins qu'accomplie. Si l'extérieur de l'édifice était construit, ses parties internes laissaient voir partout des lacunes peu satisfaisantes.

La fusion de sept petits États en un grand royaume ne pouvait pas s'opérer sans difficultés. L'unification des diverses législations; l'abolition d'usages invétérés, devenus pour les populations comme une seconde nature, mais incompatibles avec le nouvel ordre de choses; l'atteinte portée de ce chef à d'innombrables intérêts personnels; le trouble jeté dans un grand nombre d'existences, soit au point de vue moral des sympathies dynastiques, soit au point de vue des avantages matériels; l'établissement nécessaire de très lourds impôts qui accablaient notamment les provinces méridionales; l'introduction du service obligatoire même dans des provinces qui s'y montraient tout à fait rebelles; enfin, une série de réformes moins importantes, mais non moins sensibles, parce qu'elles avaient action sur la vie privée des citoyens : tel est l'ensemble des motifs qui jetèrent dans la grande masse de la nation une perturbation extraordinaire, perturbation d'autant plus redoutable qu'elle était vigoureusement exploitée par les ennemis du nouveau gouvernement appartenant aux classes éclairées.

Quelle connaissance le Calabrais avait-il du Lombard, le Sicilien du Piémontais, l'habitant de la Pouille du Toscan? Comment la population rurale, qui n'a pour horizon que son labeur quotidien, pouvait-elle apprécier le nouveau régime, qui s'emparait impitoyablement de ses modestes épargnes et qui lui arrachait ses fils pour le service d'un roi étranger, auquel on reprochait sur tous les tons d'avoir fait le pape prisonnier, dépouillé l'Église et attiré sur lui la malédiction de tous les catholiques? Qu'importait au paysan l'unité d'une patrie qui lui était inconnue, unité qui n'assurait pas son existence personnelle, qui enverrait peut-être ses fils mourir à l'étranger, et qui lui rendrait de toutes façons l'existence encore plus dure?

Cette situation rendait la tâche du gouvernement très

difficile. La résistance, d'abord passive, devint bientôt très active, sous la forme d'un brigandage affectant la couleur politique.

On pouvait arriver promptement à dominer le brigandage avec des moyens matériels; mais pour vaincre la résistance passive on ne pouvait compter que sur les mesures administratives, sur l'influence des autorités, sur la force de l'habitude, et tous ces moyens étaient trop lents.

L'obligation du service militaire pouvait seule conduire rapidement au but, en mettant chaque jour en contact immédiat des populations restées jusqu'alors absolument étrangères les unes aux autres, et en leur inculquant l'idée d'une grande famille nationale, s'étendant du nord au sud. Une discipline sévère devait faire naître le sentiment du devoir en général et du devoir particulier envers le roi et la patrie; la régularité civilisatrice de la vie militaire devait amener même les recrues les plus incultes des montagnes de la Calabre à comprendre la portée des résultats obtenus et à faire passer ensuite leur conviction dans l'esprit de leurs compatriotes.

C'est ainsi que fut rapidement portée, par mille et mille voies, dans les couches inférieures de la société, l'idée d'un grand État dont tout le monde faisait partie, et d'une puissante communauté dans laquelle tous devaient se fondre, ce qui facilita singulièrement l'action ultérieure du gouvernement. La nation et l'armée exercèrent l'une sur l'autre une influence réciproque dont on ressentit bien vite les heureux effets, et l'armée est devenue aujourd'hui l'institution la plus populaire de l'Italie, institution qui est restée jusqu'ici au-dessus des luttes violentes des partis.

L'armée italienne a reçu encore une autre mission non moins importante, celle de vulgariser dans la nation la connaissance de la lecture et de l'écriture.

En 1877, le gouvernement a enfin réussi à faire voter par le Parlement une loi sur l'instruction obligatoire. La statistique officielle de l'année 1871 montre que dans la Romagne et dans les provinces pontificales et napolitaines, annexées de 1859 à 1861, la proportion des hommes ne sachant ni lire ni écrire variait entre 75 et 90 p. 100 (1).

La situation est restée sensiblement la même depuis l'année 1871, ainsi qu'il ressort du rapport de la commission de la Chambre des députés, portant la date du 19 février 1877, et relatif précisément à la loi sur l'instruction obligatoire. Ce rapport (page 2) s'exprime ainsi : « Si la situation s'est améliorée sur certains points, dans d'autres, par contre, le nombre des illettrés a augmenté. »

Dans ces conditions, il était absolument indispensable de donner dans l'armée la plus grande impulsion au développement de l'instruction primaire. Conformément à l'usage adopté en Italie, la plus ancienne classe, au lieu d'être maintenue sous les drapeaux jusqu'à la fin de décembre, c'est-à-dire jusqu'à l'achèvement de ses trois ans de service, est renvoyée dans ses foyers au commencement de septembre, immédiatement après les grandes manœuvres, avec une anticipation de quatre mois environ. Pour favoriser le résultat cherché et exciter le zèle, il a été décidé qu'on ne renverrait les hommes par anticipation qu'autant qu'ils au-

(1) Ce pour 100 se répartit ainsi qu'il suit entre les diverses provinces : Ancône 78,16 p. 100; Aquila 83,68 p. 100; Arezzo 82,02 p. 100; Ascoli 84,65 p. 100; Avellino 87,28 p. 100; Bari 85,84 p. 100; Bénévent 88,11 p. 100; Campobasso 83,65 p. 100; Caserte 85,05 p. 100; Catane 88,49 p. 100; Catanzaro 85,59 p. 100; Chieti 88,08 p. 100; Cosenza 87,56 p. 100; Ferrare 77,33 p. 100; Foggia 86,21 p. 100; Forli 80,65 p. 100; Girgenti 89,60 p. 100; Grosseto 75,14 p. 100; Lecce 87,65 p. 100; Macerata 82,75 p. 100; Messine 88,44 p. 100; Palerme 80,35 p. 100; Pérouse 82,65 p. 100; Pesaro 81,40 p. 100; Potenza 89,85 p. 100; Reggio-Calabre 88.10 p. 100; Salerne 86,17 p. 100; Syracuse 90,26 p. 100; Teramo 89,06 p. 100; Trapani 88,98 p. 100.

raient prouvé, dans un examen passé devant une commission, qu'ils savaient lire et écrire. Le rapport officiel du général Torre, pour l'année 1877, donne à cet égard des renseignements intéressants. La classe appelée en 1874 comptait, sur un effectif de 54.540 hommes, 28.185 illettrés; après trois ans de présence au corps, ces derniers étaient réduits au chiffre de 3.418. Il résulte de ce qui précède que la classe 1874 ne renfermait, au moment de l'appel, que 51,6 p. 100 d'hommes ne sachant ni lire ni écrire, résultat qui paraît en contradiction avec le pour 100 donné précédemment pour les provinces romaines et napolitaines. Pour s'expliquer ce fait, il suffit de remarquer que le chiffre de 51.6 p. 100 représente une moyenne, et que les conditions de l'instruction primaire sont beaucoup plus favorables en Piémont, en Toscane et dans les anciennes provinces autrichiennes. Ainsi, la proportion des illettrés de la classe 1854 n'était que de 29,39 p. 100 pour la province de Bellune, de 26,46 p. 100 pour la province de Côme, de 32 p. 100 pour la province de Milan, de 24.91 p. 100 pour la province de Sondrio, de 34 p. 100 pour la province d'Udine, de 26,76 p. 100 pour la province de Vérone, etc., etc.

On voit donc que l'armée italienne, en dehors de sa mission propre, qui consiste à être le bras et le bouclier de l'État, joue encore un rôle politique et civilisateur. Elle est devenue, sous ce rapport, une véritable institution nationale.

Dès qu'il s'agit d'elle, le pays oublie les haines de parti; animé d'un grand sens politique et d'une reconnaissance patriotique, il supporte volontiers les plus lourdes charges financières pour assurer à cette armée, qui est le représentant de sa puissance à l'extérieur, et l'instrument principal de son unité à l'intérieur, la force et la mobilité sans les-

quelles sa valeur, son dévouement et son abnégation reste-
raient à l'état de vertus isolées (1).

Le corps d'officiers.

Le corps d'officiers de l'armée permanente, et particulièrement des armes de ligne, se recrute exclusivement parmi
les élèves de l'école militaire de Modène, où sont admis
aussi, mais dans une classe particulière, les sous-officiers
qui, ayant servi en cette qualité dans un corps de troupe
pendant deux ans et qui, réunissant d'ailleurs les conditions

(1) Cette appréciation de l'auteur autrichien se trouve complétée et
pleinement confirmée par le passage suivant d'une lettre que le *Temps* a
reçue de son correspondant de Rome, à la date du 22 novembre 1879 :
« On ne peut pas voir les soldats italiens passer dans les rues ou se
livrer à leurs exercices sur les places écartées sans avoir la vive intuition
du rôle capital que joue l'armée dans la reconstitution politique et morale
du nouvel État. A les voir marcher, lestes, dégourdis, bien vêtus, propres,
d'une tenue toujours correcte, on comprend que là est la grande école
pour fondre les populations disparates et pour les unir dans une civilisation commune. Les fils de la Sicile, de la Calabre, de l'Apulie, apprennent
sous les drapeaux à se sentir de la même nation que ceux du Latium, de
la Toscane, de la Lombardie ou du Piémont. Ils apprennent surtout le
respect d'eux-mêmes ; le sentiment du devoir et de l'honneur militaire
ne peut que les initier au sentiment du devoir moral et de la dignité
personnelle.
« Dans le commerce avec des camarades venus de toutes les classes de
la société et de toutes les régions, ils se dégagent peu à peu, au moins
pour un temps, d'une partie de leurs préjugés populaires et locaux ; ils
commencent à penser plus amplement et plus sensément. Un grand
nombre apprennent à lire. Il se forme une sorte de dialecte militaire qui
est un trait d'union de plus entre des gens qui ont parlé durant des siècles des dialectes distincts. Les Italiens ont bien raison d'aimer leur armée ;
ils vous disent que les conscrits du Midi et du Centre se fondent très
bien avec ceux du Nord ; ils vantent leurs qualités de discipline et de sobriété ; ils croient que ce sera bientôt, que c'est déjà une armée compacte,
homogène, forte, capable de tenir pied contre l'ennemi. D'autre part, ils
ne craignent pas qu'elle devienne un danger pour les libertés du pays ;
ils assurent qu'il n'y a pas chez eux, comme cela se voit ailleurs, d'antagonisme secret ou déclaré entre le « civil » et le « militaire ; » ils n'ont qu'un
regret, et bien légitime, c'est que leurs finances embarrassées les empê-

générales nécessaires, ont satisfait à une épreuve prélimi-
naire. Ceux qui, au sortir de l'école, passent dans la cavalerie doivent encore suivre un cours d'équitation à l'école
de cavalerie de Pignerol. Il y a pour l'artillerie et le génie
l'Académie militaire de Turin, à laquelle est annexé un cours
supérieur, et pour l'état-major l'École de guerre, où l'on est
admis dans les mêmes conditions que chez nous. On trouve,
en outre, l'institution des officiers de complément (correspondant à nos officiers de réserve), qui fournissent, en cas
de guerre, le cinquième officier des compagnies qui doivent
servir à combler les vides du corps d'officiers en général
et aussi ceux de la milice mobile. Les officiers de complément se recrutent à l'aide des officiers de l'armée permanente
qui ont donné volontairement leur démission, parmi les volontaires d'un an qui ont satisfait à l'épreuve prescrite, et
parmi les sous-officiers libérés du service de l'armée permanente qui, y ayant servi pendant douze ans d'une façon
irréprochable et n'ayant pas atteint quarante-cinq ans
d'âge, demandent à être nommés officiers de complément.

Au 1er juillet 1878 il manquait à l'armée permanente
750 officiers, dont 600 au moins pour les troupes à pied; il
n'est pas possible de remplir ces vacances, puisque le contingent fourni annuellement par les établissements militaires, et qui se monte à 300 officiers environ, suffit à peine

chent d'effectuer tous les perfectionnements nécessaires, et en particulier
d'appliquer effectivement l'obligation du service à la seconde partie du
contingent.

« A ce propos, des juges attentifs et impartiaux font observer que la part
d'inconnu reste grande dans l'estime à faire de l'armée d'Italie ainsi que
de toute grande armée moderne qui n'a pas fait récemment ses preuves.
Que ferait-elle au jour de la mobilisation? quelles lacunes se révéleraient
dans l'instruction, dans l'organisation, dans l'armement, dans l'intendance, dans les moyens d'exécution de tout genre? C'est ce qu'il est presque impossible de savoir à l'avance, et plaise au ciel que l'Europe ne soit
pas de sitôt mise en demeure de le vérifier ! (» *(Note du trad.)*

à combler les vides qui se produisent régulièrement chaque année.

Il y avait, au 1er janvier 1879, 2.171 officiers de complément pour l'armée permanente, parmi lesquels 1.594 affectés aux troupes à pied. Comme 1.156 officiers sont nécessaires pour les cinquièmes places dans les compagnies, il s'ensuit que, y compris les 600 officiers dont il a été fait mention plus haut, il faudrait, en cas de guerre, 1.756 officiers de complément pour les troupes à pied, tandis qu'on ne dispose que de 1.594 seulement.

Les officiers de la milice mobile sont tirés partie des officiers de complément affectés à cette milice et partie parmi les officiers de réserve (officiers retraités susceptibles de remplir certaines fonctions en cas de guerre).

Les cadres d'officiers des troupes à pied de la milice mobile, y compris la brigade de Sardaigne, exigent : 10 généraux de division, 20 généraux de brigade, 40 commandants de régiments, 40 adjudants-majors de régiment, 149 commandants de bataillon (1), 149 adjudants-majors de bataillon, 634 capitaines, 2.776 officiers subalternes (2), soit un total de 2.818 officiers.

Comme au 1er janvier 1879 il n'y avait pour les troupes à pied que 49 officiers supérieurs, 188 capitaines, 1.869 officiers subalternes (3), on trouve donc un déficit de 1.712 officiers. La majeure partie des officiers supérieurs qui font défaut seraient tirés des régiments de l'armée permanente (4), tandis que les généraux et les commandants de régiment

(1) Sans compter les commandants des bataillons alpins de réserve.
(2) Y compris 240 officiers à fournir aux districts militaires pour l'instruction des hommes de remplacement.
(3) Y compris 279 officiers de complément.
(4) Dans chaque régiment d'infanterie il y a, outre le colonel et le lieutenant-colonel, 3 majors (4 pour les bersagliers); l'un de ces majors est, à tour de rôle, chargé pendant deux ans de l'administration du régiment et n'exerce point, durant ce temps, un commandement de bataillon.

seraient pris parmi les officiers de réserve (officiers retraités). Il n'en manque pas moins encore 1.562 officiers, c'est-à-dire près de la moitié de l'effectif. On s'explique ainsi qu'à plusieurs reprises on se soit plaint, aussi bien au Parlement que dans la presse militaire ou politique, que les gros effectifs de la milice mobile n'existassent que sur le papier.

Nous croyons inutile de donner plus d'explications pour montrer que dans ces conditions il n'existe plus d'éléments pour la formation du cadre d'officiers de la milice territoriale.

Le corps des officiers italiens est animé d'un esprit excellent, et il n'y a, sous ce rapport, que des éloges à lui adresser. Bien qu'il soit composé en partie d'éléments hétérogènes, comme conséquence des guerres révolutionnaires qui se sont succédé rapidement depuis 1848; bien que la fusion des contingents napolitains, toscans et piémontais dans une seule armée, fusion que les circonstances politiques rendaient indispensable, ait lésé des droits acquis et entravé de la façon la plus sensible l'avancement de certains officiers, ce qu'on ne pouvait éviter, néanmoins, le corps d'officiers fait preuve d'une solide cohésion, que n'a pu entamer jusqu'ici l'antagonisme entre les provinces septentrionales et les provinces méridionales, antagonisme qui se manifeste si ouvertement sur le terrain politique et économique. L'officier italien est animé du plus vif amour de la patrie; non de cet amour qui se traduit par des phrases sonores et une jactance stérile, mais de cet amour véritable qui a le don de subordonner l'intérêt personnel à l'intérêt général, de cet amour qui engendre une obéissance dévouée, une discipline intelligente et sévère, et qui apprend à supporter virilement les soucis matériels de la vie. Il n'est aucune armée où les officiers soient aussi mal payés, où les pensions soient aussi modiques et, par suite, les conditions de l'avancement aussi défavorables que dans l'armée italienne. Mais l'officier italien sait que, pour le moment, le pays ne peut faire plus pour lui, et il se soumet sans murmures et sans manifestations déplacées à cette nécessité de l'État.

L'officier italien a de l'intelligence, de la finesse, des sentiments chevaleresques : plein d'urbanité dans les relations, mais aussi très réservé vis-à-vis des étrangers, il est modeste et sans prétentions quand il se présente au public. Il se distingue par son respect pour les lois, sa vénération pour les institutions de l'État ; et quand ses opinions personnelles ne sont point favorables à celles-ci, il règle sa conduite d'après la maxime du grand Pitt : « Si l'on est forcé de parler des défauts de sa patrie, ce ne doit être que comme on parle des faiblesses de son père, avec douleur et avec de respectueux ménagements. »

La nation, avec sa vivacité d'esprit, a parfaitement compris ces qualités ; elle honore la carrière des officiers, elle reconnaît et estime leur mérite professionnel ; aussi les officiers jouissent-ils dans tout le pays, chez les grands comme chez les petits, chez les riches comme chez les pauvres, de la considération la plus élevée, d'une confiante illimitée, en un mot, de cette estime que tout peuple patriote accordera aux hommes qui consacrent au service de la patrie leur esprit et leur cœur, leurs forces physiques, intellectuelles et morales.

Ces quelques mots ne doivent pas être considérés comme un éloge hors de propos ; le corps des officiers italiens n'en a pas besoin pour avoir la conscience de sa valeur. Mais il était nécessaire de les dire ici pour compléter cette rapide esquisse de l'armée italienne et la placer dans le cadre qui lui est propre.

La marine.

D'après le statut d'organisation de 1877, la flotte italienne comprend trois grandes catégories de navires, savoir :

1° Les navires de guerre proprement dits ;

2° Les navires de transport et auxiliaires de la flotte ;

3° Les navires locaux.

Les *navires de guerre* se divisent en :

1° 16 vaisseaux de guerre de 1re classe, qui sont les vrais navires de combat ;

2° 10 vaisseaux de guerre de 2e classe, qui remplissent différents services de guerre et sont destinés, entre autres, à protéger le commerce, c'est-à-dire spécialement à défendre les côtes et les ports, à croiser ou à stationner dans les eaux étrangères ;

3° 20 vaisseaux de guerre de 3e classe, tels qu'avisos, bateaux torpilleurs, petites chaloupes canonnières, etc.

La *flotte de transport* comprend :

1° 2 transports de 1re classe, jaugeant plus de 3.000 tonnes ;

2° 4 transports de 2e classe, jaugeant entre 1.000 et 3.000 tonnes ;

3° 8 transports de 3e classe, jaugeant de 200 à 1.000 tonnes.

Abstraction faite des petits bateaux qui sont employés au service des arsenaux, les *navires locaux* sont au nombre de 12, qui sont chargés de la police des ports et des communications dans l'intérieur des départements maritimes.

Ainsi qu'on peut le voir par le tableau I ci-après, qui donne des renseignements exacts sur les navires, la flotte n'est pas encore arrivée au point prescrit par le statut d'organisation. Le complet ne sera atteint qu'en 1888, et c'est à cette époque seulement qu'existeront les navires cuirassés indiqués dans le tableau II.

Les deux cuirassés *Italia* et *Lépanto*, indiqués dans le tableau II comme en construction, sont à peine commencés, et c'est tout au plus s'ils seront achevés en 1881. Le *Dandolo* sera terminé en 1880; le *Duilio* est cuirassé et doit être prêt à prendre la mer à l'automne de 1879, époque à laquelle le *Conte Verde* sera déclassé (1). En plus de ces quatre navires cuirassés, il y a actuellement en chantier : deux avisos : *Agostin Barbarigo* et *Marcantonio Colonna*; trois navires torpilleurs : *Vulcano*, *Sébastian*, *Venicro* et *Andréa Provana* enfin un vaisseau-citerne : *Chioggia*, qui doit être armé maintenant.

Le *Duilio*, dont la mise en construction a été célébrée il y a deux ans comme une fête nationale par les Italiens, est le type d'après lequel les cuirassés italiens seront construits à l'avenir; sa cuirasse de 0m,55 d'épaisseur, faite de plaques de fer fabriquées par la maison Schneider, du Creuzot, et reconnues les plus résistantes à la suite d'expériences de tir faites à la Spezia, son armement composé de 4 canons de 100 tonnes et du calibre de 0m,46, ses dimensions, enfin la construction de sa charpente suivant les règles résultant des expériences les plus récentes de l'architecture navale moderne, tout concourt à faire de ce navire le vaisseau le plus puissant de la marine de l'Europe.

Cependant, non seulement dans le public, mais encore dans les cercles de la marine italienne, on exprime des craintes sérieuses au sujet de ce système qui, par suite de son poids considérable, aura pour conséquence de rendre la flotte peu mobile. Un tirant d'eau insuffisant, le défaut d'aptitude aux manœuvres, la puissance sans cesse croissante des canons, que l'épaisseur des cuirasses ne pourra pas toujours défier; les progrès que ne manqueront pas de réaliser les

(1) La frégate cuirassée, *Messina* bien qu'encore en service, n'a pas été mentionnée au tableau I, parce quelle ne doit pas tarder à être déclassée.

torpilles pour arriver à faire sombrer le navire le plus colossal, et enfin la dépense considérable qui résulterait de la création d'une flotte de navires de ce genre et de leur remplacement probable par suite de leur destruction par le canon ou les torpilles : telles sont les réflexions que n'ont pas manqué de faire valoir les spécialistes contre les navires du type du *Duilio*. Ces réflexions sont corroborées d'ailleurs par le fait que même les plus grandes puissances maritimes s'en sont tenues en général à des navires cuirassés d'une épaisseur de cuirasse moyenne, sauf le navire anglais l'*Inflexible*.

Il y a en outre d'autres considérations à faire valoir en ce qui concerne l'Italie. Les deux ports marchands les plus importants, Naples et Gênes, ne peuvent être mis à l'abri d'un bombardement par mer, ni au moyen de fortifications continentales ni par des torpilles. Dans ces conditions, ces cuirassés colossaux auront la valeur de forts flottants qui empêcheront la flotte ennemie de s'approcher trop près du port.

Tous les navires de guerre italiens sont armés non seulement des pièces spéciales qui peuvent leur convenir, mais encore de pièces de campagnes rayées et de mitrailleuses. On accorde la plus grande attention à tout ce qui a trait aux torpilles; on a créé un corps spécial de torpilleurs, qui reçoit une instruction en conséquence sur le vaisseau école le *Caracciolo*. Tous les navires sont munis de torpilles et d'appareils porte-torpilles. Il convient d'ajouter toutefois que les avis sont partagés sur la valeur de ces engins. On a d'ailleurs mis tout récemment en essai un nouveau système de porte-torpilles.

Les côtes de l'Italie sont, au point de vue militaire, partagés en trois zones ou départements maritimes, dont les chefs-lieux sont la Spezia, Naples et Venise. On sait que la Spezia est le principal établissement maritime de l'Italie, auquel on

consacre chaque année de grosses sommes, tant pour l'organisation de fortifications sur terre et sur mer, que pour la
construction de l'arsenal, de la jetée, des docks, etc. Le port
militaire de Naples, avec la jetée de Castellamare, est absolument insignifiant et sans défense, aussi bien du côté de la
terre que du côté de la mer. C'est pourquoi on se propose de
le remplacer par Tarente, qui deviendrait le deuxième grand
établissement maritime. Des considérations financières ont
seules jusqu'à présent retardé la mise à exécution de ce projet, qui a été soumis déjà deux fois au Parlement. Venise est
resté dans le *statu quo* de 1866. On a construit dans l'arsenal de ce port deux docks secs, mais on a laissé les canaux
des lagunes qui y conduisent s'ensabler à un point tel qu'ils
n'ont plus assez de profondeur pour permettre d'y engager
les forts navires ordinaires, et encore bien moins les navires
cuirassés du genre du *Duilio*. Aussi a-t-on en vue de porter
ces canaux à une profondeur de 9 mètres.

Pour jeter un coup d'œil complet sur l'état de la marine
italienne, il y a lieu d'ajouter encore ce qui suit :

En 1875, sur la proposition du ministre de la marine, qui
était alors l'amiral Saint-Bon, le Parlement autorisa la
vente de trente-trois vaisseaux de toute espèce, dont sept
cuirassés, en partie à cause de leur ancienneté et en partie
par suite de leurs vices de construction. D'après les prévi-
sions, on devait retirer de cette vente 6.000.000 de francs
qui auraient été destinés à construire de nouveaux navires.

Mais on ne tarda pas à s'apercevoir que l'on avait fait un
calcul complètement faux, car les vapeur en bois, à hélice
ou à aubes, que le ministère de la marine ne pouvait
plus utiliser, ne trouvèrent aucun acheteur dans la marine
commerciale pour les mêmes raisons. Les navires cuirassés
inutilisables ne purent pas davantage être placés dans les

marines de l'Europe. Dans ces conditions, on fut amené à
démolir tous ces vaisseaux à la Spezia, pour en vendre les
matériaux aux meilleures conditions possibles. Seuls, trois
petits vapeurs furent vendus entiers pour une somme de
moins de de 100.000 francs. Mais cette nouvelle mesure n'ob-
tint pas non plus le succès qu'on en attendait, car bientôt
il y eut à la Spezia pour plus d'un million de matériaux in-
vendables. Aussi, pour ne pas perdre totalement les ressources que l'on espérait tirer des navires en continuant à
les démolir, on se décida à employer pour la défense de la
Spezia et de Venise les vaisseaux qui, comme les chaloupes
canonnières cuirassées *Guerriero, Voragine, Alfredo Capel-
lini* et *Fao di Bruno*, pouvaient convenir à cet usage. De
même, on conserva sur place quelques autres navires qui,
en cas de besoin avant l'achèvement de la grande digue
commencée à la Spezia, pourraient être coulés pour obstruer
le passage.

En 1873, le budget de la marine n'était que de trente-deux
millions, et il s'est successivement accru jusqu'en 1877, où il
était de 41.600.000 francs, sans compter les crédits restant des
années précédentes; sur cette somme, on consacre annuellement 12.650.000 francs à la construction de nouveaux
navires. A cela il faut ajouter un crédit extraordinaire de
vingt millions, réparti sur dix années, également pour la
construction du nouveau matériel maritime, de manière à
arriver à posséder en 1888 le complet des navires prévus dans
le nouveau statut d'organisation. En conséquence, dans cette
période de dix années se terminant en 1888, il sera dépensé
plus de cent quarante-six millions pour créer une flotte nouvelle. Il ne faut pas perdre de vue que l'accroissement du
budget ordinaire de la marine a suivi la progression du bud-
et extraordinaire, de sorte qu'en 1878 ce budget atteignait
inquante-quatre millions, dont trois millions consacrés

aussi à des constructions de navires. Le budget définitif de 1879 a été arrêté à 49.662.000 francs.

La flottille du lac de Garde comprend :

1° Trois vapeurs à aubes appartenant au gouvernement (*Sermione, Principe Odone, San Mario*), que la compagnie des chemins de fer de la Haute-Italie a loués pour transborder les voyageurs sur le lac de Garde ; cette compagnie dispose en outre d'un quatrième navire, *Benaco*, qui en cas de guerre devrait être mis à la disposition du gouvernement au même titre que ceux qui lui appartiennent.

2° Quatre chaloupes canonnières, possédant chacune une pièce en bronze rayée de 0m,12, dans une embrasure cuirassée.

3° Quatre petits remorqueurs, presque nuls au point de vue nautique et militaire.

Le système de défense de Venise comprend en outre un certain nombre de navires des lagunes qui dépendent du ministère de la guerre. Ce dernier a fait construire tout récemment plusieurs chaloupes canonnières fort plates, pour sortir des lagunes en utilisant le système de canaux très développé qui existe pour gagner les bras du Pô nommés l'Etsch, l'Adigetto, le canal Bianco et les fleuves côtiers voisins. De cette manière, dans le cas où Venise serait bloquée sur terre et sur mer, on serait en mesure de conserver des communications avec l'armée et, en cas de besoin, de pourvoir cette ville d'eau potable.

Les côtes de l'Italie.

Les côtes de l'Italie se développent sur une longueur d'environ 5.792 kilomètres, dont 3.346 pour la partie continentale et péninsulaire du pays, 1.156 pour la Sicile, et 1.470 pour la Sardaigne.

Nous avons puisé ces chiffres dans la géographie de Fogliani, adoptée officiellement pour le cours des officiers à

Modène, en nous bornant à rectifier l'assertion de l'auteur, lorsqu'il affirme que la côte de l'Italie appartient à l'Italie jusqu'à Fiume.

1. — *Les côtes de la mer Méditerranée* (1).

La côte va sans cesse s'abaissant, de Vintimille à la Spezia. La crête des montagnes n'est jamais distante de plus de 8 kilomètres de la mer ; les fleuves, en forme de torrents, descendent de petites vallées escarpées et profondément encaissées, et souvent une embouchure est divisée en plusieurs bouches par des contreforts des montagnes, de sorte qu'ils forment alors des courants très rapides qui s'avancent au loin dans la mer.

Dans de telles conditions, la côte n'est pas en général favorable pour un débarquement. Les seuls points convenables à cet effet sont les petites baies entre Porto San Maurizio et le cap Berta, où l'on dispose des petits ports de Porto San Maurizio et d'Oneglia, et où la nature des côtes permet aux petits bateaux d'aborder ; il faut ajouter aussi la rade de Vado. Celle-ci, consistant en une baie de 6 kilomètres de longueur entre Vado et Savone, mais fortement exposée aux vents de la mer, permet aux grands navires de transport d'approcher jusqu'à 1 kilomètre, tandis que les cuirassés ne peuvent arriver qu'à 1 kilomètre et demi, ce qui est encore suffisant pour protéger le débarquement. Tous les ports de cette côte, à l'exception de celui de Portofino, situé dans une baie profonde formée par les montagnes, sont des ports artificiels, c'est-à-dire constitués par des môles qui enferment une surface plus ou moins grande de la mer ; Gênes même ne fait pas exception à la règle.

(1) Cette description des côtes est en grande partie extraite du rapport du député Maldini, capitaine de frégate, qui l'a présenté en 1873, comme membre du comité de la défense nationale. La nouvelle géographie du colonel Sironi a aussi été consultée.

Entre Gênes et la Spezia, la côte ne présente aucun point de débarquement favorable. Les ports de Gênes et de la Spezia, étant fortifiés, ne peuvent pas non plus être considérés comme points de débarquement pour une armée ennemie.

Toute la côte comprise entre Vintimille et la Spezia est longée par le chemin de fer et par une route artificielle.

Cette dernière, allant jusqu'à Sarzano, est]connue sous le nom de *route de la Corniche*. Tandis que la voie ferrée court immédiatement le long du rivage en traversant sous des tunnels les divers contreforts qui s'avancent jusqu'à la mer, la route traverse les divers sommets et est par cela même exposée par endroits aux feux directs. Toutefois, à Sestri-Levante, elle s'éloigne de la côte, traverse le mont Brucco, élevé de 500 à 600 mètres, puis descend à la Spezia par la vallée de la Vara. Dans ces conditions, la route, dans toute son étendue, sauf la dernière partie, et le chemin de fer sur tout son parcours, sont complètement vus de la mer, de sorte que tous deux sont exposés au feu d'une flotte ennemie qui peut détruire les ponts, viaducs et tunnels construits en de nombreux points de ces communications. Mais si d'un côté, par suite de ce danger, les mouvements de troupe ne sont pas possibles par ces voies, d'un autre côté, le débarquement de troupes ennemies ne peut s'effectuer qu'aux quelques endroits que nous avons désignés plus haut. En outre, à moins qu'il ne s'agisse simplement d'un coup de main tenté par un faible détachement de partisans, les débarquements n'auront lieu en général qu'entre Gênes et Vintimille, attendu qu'entre Gênes et la Spezia, à part la route Gêne-Bobbia-Plaisance, encore en construction, il n'existe aucune route praticable dans toute la région du Pô, tandis que du littoral compris entre les deux premiers points partent les bonnes voies de communication de Vintimille, Oneglia, Albenga, Finale, Savone, Voltri et Gênes.

A partir de la Spezia et, respectivement, de l'embouchure de la Magra, les montagnes ne sont presque nulle part contiguës à la mer, excepté au sud de Livourne et dans la région montagneuse escarpée de Piombino. La côte est presque partout plate, souvent marécageuse et dangereuse pour la navigation, à cause des nombreux bancs de sable qui pénètrent fort avant dans la mer. Bien que des débarquements ne soient pas absolument impraticables dans cette partie, surtout à Viareggio et à l'embouchure de la Cecina, il faudrait dans ce but faire des préparatifs assez longs pour que les troupes échelonnées dans la vallée de l'Arno aient le temps d'accourir en temps utile. Le seul point de débarquement réellement favorable dans cette région est Livourne, dont le port, quoique peu vaste, est suffisamment profond, d'autant plus que les plus forts navires de guerre peuvent rester à l'ancre en dehors. Les batteries des côtes de Livourne sont absolument insuffisantes pour défendre ce point important et complètement ouvert.

En face des montagnes avancées de Piombino et séparée par un canal profond, large d'environ 10 kilomètres, se trouve l'île d'Elbe, couverte de montagnes dont le pied se perd dans la mer en pentes abruptes. Cette île possède six baies excellentes et les deux bons ports de Porto-Longone et Porto-Ferrajo, réunis entre eux par une bonne route. Ce dernier port est très spacieux.

L'île d'Elbe, distante de Livourne de 80 à 90 kilomètres, c'est-à-dire de 6 à 8 lieues, constitue la meilleure base d'opérations pour une flotte ennemie voulant attaquer la région de l'Arno inférieur. Il est donc d'autant plus important pour l'état-major italien de tenir ce point en dehors de toute attaque que, par suite de l'égale distance à laquelle il se trouve de Livourne et de la Spezia, il couvre l'aile gauche de l'armée de défense de la région de l'Arno inférieur contre les tentatives de débarquement. Le littoral de l'île est longé par une route et une voie ferrée dans la partie dont nous avons parlé ; en admettant qu'il soit en grande partie soustrait au danger provenant d'un bombardement exécuté depuis la mer, il n'y manque pas de points favorables à un coup de main.

Les îles de Capraja, Gorgona, Pianosa, qui se trouvent en avant des côtes, entre la Spezia et Piombino, n'ont aucune espèce d'importance. L'espèce de péninsule comprise entre Piombino et Monte Argentaro, et limitée des trois côtés qui regardent la mer par des contreforts escarpés s'élevant à une hauteur de 630 mètres, n'est réunie au continent que par trois étroites bandes de terre ferme passant à travers des marécages. Le long de cette péninsule, le littoral est formé de montagnes abruptes dont le pied se perd dans la mer ou par des bas-fonds marécageux ; des parties peu profondes et des bancs de sable s'avançant au loin empêchent d'aborder et rendent un débarquement difficile.

De Monte Argentaro jusqu'à Civita-Vecchia la côte est basse, à l'exception de quelques points saillants, et les vaisseaux ne pourraient pas non plus s'en approcher sans danger à cause des nombreux écueils et bas-fonds. Il en est de même pour la partie au sud de Civita-Vecchia jusqu'au cap Circeo ; le Tibre roule des galets jusque fort avant dans la mer, et au delta formé par son embouchure marécageuse viennent aboutir les marais Pontins, qui s'étendent au sud jusqu'au delà du cap Circeo.

Le littoral compris entre Piombino et le cap Circeo jusqu'à Paola est bordé par la route et la voie ferrée, qui sont toutes deux exposées à des coups de main. Il convient d'ailleurs peu à un débarquement, d'un côté à cause des

difficultés d'accès avec de grands navires, et de l'autre
par suite de la nature aride des rives et du manque de
communications avec l'intérieur. Les ports de Piombino
et de Talamone sont insignifiants ; celui de Civita-Vecchia
est trop petit et trop peu profond pour servir de mouillage
à une grande flotte ; les deux ports de Monte Argentaro,
San Stefano, et surtout Porto Ercole, sont assez vastes et assez
profonds pour contenir une flotte et permettre de baser sur
eux un débarquement. Dans cette partie du littoral, Monte
Argentaro est par suite un point d'autant plus important qu'il
en part non seulement la route qui par Civita-Vecchia conduit
à Rome, mais en outre la route qui va par Radicofani dans
l'intérieur du pays, et qui aboutit surtout à la voie ferrée qui
passe à Sienne. L'importance de ce point exige donc qu'il
soit fortifié, pour ne pas le laisser tomber entre les mains
de l'ennemi.

Les fortifications de Civita-Vecchia n'ont, dans leur état
actuel, qu'une valeur des plus secondaires ; elles sont complètement insignifiantes du côté de l'eau, où elles sont à
fleur d'eau et ne consistent qu'en murailles non revêtues (1).

Du cap Circeo à Gaëte, la côte est partie boisée et marécageuse, partie rocailleuse, mais en général inaccessible et
sans communications avec l'intérieur du pays, à l'exception
de la route qui conduit de Terracine à Rome par les marais
Pontins. Entre le cap Circeo et Terracine, la mer est plate
sur une grande largeur, tandis qu'entre Terracine et Gaëte
elle est profonde jusqu'à la côte. Au delà de Gaëte, dans les
environs de l'embouchure du Garigliano et du Volturne, des
débarquements sont possibles, bien que le terrain au bord
de la mer soit souvent marécageux et favorise peu ces entre-

(1) Les fortifications ont été améliorées pendant l'occupation française,
et l'Italie n'attend pour les remettre en état et les compléter, que le moment où l'état de son budget le lui permettra.   (Note du trad.)

prises. Au contraire, le golfe de Naples convient on ne peut mieux à un débarquement, car on y trouve la baie de Baïa, les ports de Pouzzoles et de Naples, la rade de Castellamare et le golfe de Salerne. Les environs de l'embouchure du Sele, qui se trouvent immédiatement au sud de ce golfe, ne sont pas accessibles; en outre ils sont exposés à des vents violents et le climat y est très malsain.

Le port et surtout la rade de Gaëte peuvent contenir une flotte nombreuse. Toutefois cette place possède une fortification maritime qui, bien que défectueuse, n'est pas sans importance (1), d'autant plus que par sa position élevée elle est en mesure de dominer par son artillerie la rade et le port, de sorte qu'il ne peut pas être question de tenter un débarquement en ce point, au moins par surprise. Aussi, dans cette partie des côtes, une attaque navale ne pourrait être entreprise que du côté de Naples.

La grande étendue du golfe de Naples à son embouchure, large de 26 kilomètres entre les îles d'Ischia et de Capri, rend complètement impossible l'établissement d'une fortification suffisante pour empêcher une flotte ennemie de bombarder Naples directement ou de débarquer entre Baïa et Salerne. En outre, en cet endroit la mer est partout assez profonde pour que les plus grands vaisseaux puissent approcher à bonne portée. Dans ces conditions, à moins d'être protégé par une flotte italienne (2), Naples est complètement sans défense, et cette circonstance, eu égard à l'importance politique de cette ville, est un élément de faiblesse des plus

_____

(1) Les fortifications de Gaëte doivent aussi être augmentées et complétées, surtout du côté de la mer, aussitôt que ce sera possible.
(Note du trad.)

(2) Cette flotte trouverait un bon mouillage à l'abri de l'île d'Ischia et un excellent refuge dans la rade de Baïa, dans la partie nord-ouest du golfe. Cette rade est battue par le feu d'un ancien château fort qu'on a le projet de transformer complètement. *(Note du trad.)*

sensibles pour le jeune royaume à peine constitué. Il est certainement possible d'empêcher l'ennemi débarqué de pénétrer dans l'intérieur du pays, en prenant position au delà de Naples et en fortifiant les hauteurs environnantes. Mais la force de l'ennemi débarqué n'en constitue pas moins l'échelle qui doit servir à mesurer l'effectif des troupes à opposer à l'adversaire, et il est fort difficile de déterminer cette échelle *à priori* d'une manière judicieuse, de sorte que l'on est exposé à avoir en ce point des troupes insuffisantes ou d'en enlever un trop grand nombre au théâtre principal d'opérations.

Les îles d'Ischia et de Capri, qui forment l'entrée du golfe de Naples, sont des pitons formés de roches escarpées faisant saillie sur les eaux ; elles sont trop éloignées l'une de l'autre pour être en mesure de battre efficacement l'entrée du golfe, lors même qu'elles seraient munies de batteries. Toutes deux manquent d'emplacements suffisants et assurés pour les navires à l'ancre. L'île de Ponza, située au nord-ouest d'Ischia, est plus importante, parce que sa rade spacieuse et profonde pourrait trop faciliter les entreprises d'une flotte ennemie, d'une part contre Gaëte et d'autre part contre Naples.

Au sud de l'embouchure du Sele, entre le golfe de Salerne et le golfe de Policastro, s'élèvent les monts Cilento qui, tombant en pentes abruptes dans la mer, s'opposent à tout débarquement. Il en est de même du littoral qui s'étend ensuite jusqu'au golfe de Santa Eufemia, où l'Apennin calabrais émerge comme un mur au-dessus des eaux et ne laisse place que pour un passage étroit, impraticable, ne se reliant le plus souvent avec l'intérieur qu'au moyen de chemins accessibles seulement aux bêtes de somme. Toutes les baies ou rades qui se trouvent sur cette côte, y compris celle de Paola, d'où part une route praticable qui conduit à Cosenza sont trop insignifiantes pour servir de point de départ à une tentative quelconque d'une certaine importance. Il est d'ailleurs à peu près impossible de songer à rien de pareil en ce point et sur toutes les côtes calabraises qui y sont adjacentes, parce que les environs sont trop éloignés des théâtres d'opérations les plus importants et ne présentent aucun objectif valant la peine de déployer une certaine force. Pour de petites entreprises, telles que favoriser l'insurrection de la Calabre, il ne manque pas de points de débarquement convenables à Sapri, Amantea, Pizzo (d'où une route praticable se dirige sur Tiriolo et Cosenza), Porto Venere, Nicotera et Gioja.

Reggio, qui est le point de départ de la voie ferrée des côtes ioniennes, et qui le sera également de la voie projetée Eboli-Reggio, a une importance d'autant plus sérieuse qu'il sert de trait d'union entre la Sicile et le continent italien. Aussi, le Parlement italien a-t-il voté en 1870 une somme de 1.500.000 francs, pour l'amélioration du port, à raison de 125.000 francs par an.

2. — Les côtes Ioniennes.

Les côtes de la mer Ionienne se composent de deux parties bien distinctes sous le rapport topographique : la côte calabraise de Capo dell' Armi jusqu'à l'embouchure du Crati, et le golfe de Tarente. La première est généralement abrupte, difficilement accessible et praticable, ce qui est le caractère général du contrefort des Apennins qui se détache dans la péninsule calabraise ; des écueils s'avançant au loin dans la mer rendent les approches dangereuses, et le manque de ports sûrs empêche tout débarquement sérieux. Le port de Cotrone, relativement le plus favorable de toute cette côte et formé artificiellement par un môle, est fortement ensablé et ne peut être pratiqué que par les vaisseaux ayant un faible tirant d'eau. De petites expéditions, ayant pour but la destruction des voies ferrées, peuvent choisir Cotrone ou Rossano pour point de débarquement.

Les environs, fort plats, de l'embouchure du Crati sont marécageux et excessivement insalubres à l'époque des pluies. A partir de là jusqu'à Rocca Imperiale la côte est très étroite, escarpée et coupée par de nombreux fleuves torrentueux. Mais ensuite elle est plate, par endroits marécageuse, et permet en général aux vaisseaux d'aborder jusqu'à Tarente, bien que nulle part il n'y ait de mouillage à l'abri des vents. Entre Tarente et le cap Santa Maria di Leuca, la côte est tantôt plate et tantôt escarpée, mais en général elle est peu favorable à un débarquement.

Le port de Gallipoli est de moyenne grandeur; au contraire, la rade de Tarente, avec le port, forme un des plus vastes et des meilleurs mouillages où peuvent trouver un abri sûr les plus grandes escadres; la rade est exposée aux vents d'ouest, mais la mer n'est jamais bien furieuse en ce point. Le port de Tarente est partagé, par une voie navigable assez étroite formée par deux îles, en deux grands bassins : le Mare piccolo et le Mare grande. Il est réuni à la rade par un canal, et toutes les localités environnantes sont si favorablement disposées qu'il serait excessivement facile d'établir des fortifications aussi bien du côté de la mer que du côté de la terre (1).

Tarente, situé à peu près au centre de toute la côte, entre les deux grands établissements maritimes de la Spezia et de Venise, est mieux à portée des eaux albanaises, grecques et orientales que ces deux grands ports militaires. Aussi, son excellente situation locale l'a désigné depuis longtemps au

---

(1) Les îles de San Pietro et San Paolo, le cap San Vito sont tout désignés pour l'emplacement des ouvrages destinés à couvrir la rade

(Note du trad.)

gouvernement pour en faire le centre de la base maritime de l'Italie pour toutes les entreprises à exécuter dans la mer Méditerranée, et pour y constituer un arsenal de la marine et un établissement de la flotte à grande échelle dans le genre de la Spezia. Il a été déposé à ce sujet au Parlement un projet qui a été admis en principe, mais dont on a dû retarder la réalisation par suite de considérations financières.

Mais le port de Tarente n'est pas important seulement pour la flotte italienne, car il a aussi pour l'adversaire une importance telle qu'il sera forcé de s'en emparer à tout prix. Tarente est le nœud de toutes les routes venant de la Basilicate, de la presqu'île de Salente (péninsule comprise entre Tarente, Brindisi et le cap Santa Maria di Leuca) et la Pouille. Il est en communication par chemin de fer d'une part avec Bari, d'autre part avec Reggio, puis avec Cosenza, ailleurs avec Potenza (bref aussi avec Naples), de manière qu'un ennemi en possession de Tarente serait maître de toute l'Italie méridionale, pourrait insurger le pays et intercepter complètement à l'armée les ressources militaires qu'il offre. Ce sont là des raisons plus que suffisantes pour fortifier cette ville d'une manière convenable, aussi bien du côté de la mer que du côté de la terre, lors même qu'on n'y créerait pas un grand établissement maritime.

De Tarente à Reggio, la côte ionienne est longée par une voie ferrée qui circule presque partout au bord de la mer.

3. — *La côte Adriatique.*

La mer Adriatique, commençant à la ligne marquée par le cap Santa Maria di Leuca et le cap Linguetta (sur la côte albanaise), a une longueur de 425 milles marins du sud au nord. Sa plus petite largeur entre Otrante et le cap Linguetta, est de 54 milles marins, sa plus grande largeur de 120 environ, entre Spalato et l'embouchure du Tronto.

La côte est escarpée et couverte de rochers de Santa Maria di Leuca jusqu'au cap d'Otrante ; de ce dernier point jusqu'à Manfredonia, elle descend en général en pentes douces dans la mer, à l'exception de quelques endroits où elle est formée par des contreforts escarpés. De Manfredonia au cap Gargano, elle est presque partout inaccessible.

En général, cette partie de la côte Adriatique est assez défavorable pour un débarquement, parce que les eaux y sont presque partout profondes et que les nombreuses villes qui s'y trouvent ont des rades et des ports, petits il est vrai, qui permettent aux navires d'approcher jusqu'au point de débarquement. Toutefois cette côte est fortement exposée aux vents du nord, ce qui porte à tenter les grandes entreprises à Brindisi, Bari et Manfredonia, d'autant plus que ces ports ou rades sont les seuls qui peuvent recevoir sûrement de grandes flottilles et qui permettent d'atteindre rapidement des objectifs importants.

Brindisi possède un port spacieux à côté d'une rade extérieure ; il est le point extrême de la voie ferrée de la côte Adriatique et est bien relié à Tarente ; par conséquent, au cas où cette dernière tomberait au pouvoir de l'ennemi, Brindisi pourrait le menacer continuellement. Toutefois, le port est actuellement fort ensablé (1), de telle sorte que, malgré son étendue, c'est tout au plus si l'on pourrait y recevoir à l'ancrage plus de deux grands navires de guerre de la nouvelle espèce.

Bari est situé à l'embranchement de la ·voie ferrée qui

(1) Brindisi est le meilleur port de l'Italie sur l'Adriatique, et la tête de ligne des chemins de fer de l'Europe occidentale vers l'Orient. Des travaux récents ont remis le port en état de recevoir les plus grands steamers qui servent aux transports à grande vitesse entre l'Égypte et l'Italie. La rade n'est défendue actuellement que par un petit fort, mais d'autres batteries doivent compléter cette défense insuffisante.

(*Note du trad.*)

se dirige sur Tarente et, plus loin, sur la côte ionienne; on a entrepris l'agrandissement du port de cette ville, de manière à ce qu'il puisse recevoir les grands vaisseaux. La ville contribue à ces travaux, pour 2.100.000 francs, répartis en 12 annuités à partir de 1870.

La rade de Manfredonia est, comme le golfe lui-même, facilement accessible et présente un fond d'ancrage solide et sûr pour tous les navires, quels qu'en soient le nombre et la grandeur; le port, établi artificiellement à l'intérieur de la rade, est petit et n'est praticable que pour les vaisseaux ayant un faible tirant d'eau. L'importance de Manfredonia s'explique par le fait qu'il est facile d'atteindre Foggia, nœud important de routes et de chemins de fer, ensuite parce qu'elle coupe en deux la communication du nord avec le sud qui court le long de la mer Adriatique, et enfin parce que cette ville peut servir de base pour les opérations à entreprendre dans toutes les directions, mais surtout dans la plus importante, Bénévent-Naples. Le terrain découvert qui entoure le golfe et la forme plate de ce dernier, qui a un développement d'environ 40 kilomètres, empêchent d'une manière absolue de fortifier Manfredonia, de sorte que pour essayer de défendre ce point, il faudrait avoir recours à des forces mobiles venant de Foggia.

Du cap Gargano jusqu'à Cattolicà, les crêtes principales de l'Apennin ne s'éloignent de la côte que d'environ 60 à 80 kilomètres et détachent de nombreux rameaux, d'où descendent des cours d'eau; le pied des montagnes est en général à une petite distance de la côte, excepté à Ancône, où il vient se perdre dans la mer. Il résulte de cet état de choses que d'une part la côte est escarpée et peu accessible, tandis que d'autre part le fond de la mer est formé de bancs de sable s'avançant très-loin et rendant l'accès impraticable aux grands navires. En outre, il se trouve dans cette partie du littoral de nombreux petits ports ; Viesti, Tremoli, Vasto, Ortona, Pescara, etc., qui, au moyen de petits bateaux, permettraient de tenter des coups de main contre les chemins de fer, car on sait que ceux-ci, en beaucoup d'endroits, bordent immédiatement la côte et sont d'ailleurs aussi exposés aux coups directs.

Le port d'Ancône n'est pas suffisamment spacieux pour recevoir une grande flotte, dont une partie devrait mouiller dans la rade, située en dehors de la protection des batteries du port. D'ailleurs, depuis 1865 on n'a entrepris aucun travail sérieux de dévasement de ce port, qui est fortement envahi, à un point tel que les grands navires ne peuvent pas y circuler et que, par suite, il n'est pas praticable dans son état actuel pour les grands vaisseaux de guerre (1).

Entre Ravenne et Ancône, les chances de débarquement sont les mêmes qu'entre le cap Gargano et Ancône ; de même que nous l'avons indiqué pour ces derniers points, plusieurs ports, tels que Pesaro, Rimini, Cervia, etc. favoriseraient des débarquements éventuels, surtout des coups de main contre les chemins de fer ; néanmoins de grandes entreprises auraient à compter avec les opérations qui auraient les forteresses d'Ancône et de Bologne pour base. Le chemin de fer permettrait de Bologne d'arriver à Rimini et à Ravenne en quelques heures ; d'Ancône on pourrait aussi atteindre Pesaro en deux jours de marche, en supposant le chemin de fer détruit. Toutefois cette marche serait exposée aux feux des navires ennemis.

La nature du littoral vénitien est trop généralement con-

---

(1) Cinq batteries et un fort protègent le port de la ville du côté de la mer ; on doit aussi construire un fort à la plage de *Porto-Umana*, située à 15 kilomètres au sud d'Ancône, et où l'ennemi pourrait débarquer facilement et préparer les moyens d'attaquer la place par terre.

(*Note du trad.*)

nue pour que nous ayons besoin d'en faire ici une description.

Sicile.

Les Apennins se continuent à la pointe extrême de la
Calabre, au delà du détroit de Messine et, se divisant en
trois branches, ils remplissent l'île entière, de sorte que
celle-ci est presque partout montagneuse, à l'exception des
hauts plateaux de Catane et de Terranuova, ainsi que de
quelques petites parties des côtes septentrionales.

La côte présente de si nombreux ports, rades ou mouillages
qu'il ne manque pas de points convenables pour un débarquement. Toutefois, il faut remarquer qu'il est beaucoup
moins facile d'approcher des côtes méridionales et orientales
(à l'exception de la partie comprise entre Syracuse et Catane)
que des côtes septentrionales.

Les points qu'il y aurait le plus intérêt à défendre, en
raison de leur importance, sont :

Milazzo. La rade peut facilement recevoir une grande
flotte, mais le port n'a pas une profondeur suffisante pour les
grands navires.

Palerme. — Le port et la rade peuvent recevoir autant
de navires qu'on voudra, de toutes grandeurs. Mais la situation de Palerme, analogue à celle de Naples, empêche d'en
rendre le séjour assuré par des ouvrages de fortification.
Bien que cette ville n'ait pas une aussi grande importance
stratégique que Naples, elle n'en est pas moins, au point de
vue politique, la capitale de la Sicile, et l'impossibilité de
lui assurer une protection suffisante contre un débarquement par un moyen quelconque constitue une question fort
sérieuse pour la possession de l'île elle-même, dont la consolidation politique a encore à compter avec bien des causes
de faiblesse.

Syracuse (1). — Le port est suffisant pour contenir une grande flotte composée de navires de toute espèce ; de plus, la grande et profonde baie qui se trouve entre Syracuse et Agosta est complètement à l'abri des vents, de manière qu'elle constitue un excellent mouillage.

Agosta. — Malgré les bancs de sable qui en limitent l'accès, le port est en mesure de recevoir les plus forts navires.

Messine. — Le port peut contenir 500 navires de toute grandeur. Nous avons déjà fait ressortir l'importance de Messine en parlant des forteresses. L'inconvénient que Milazzo, placé dans son voisinage rapproché, favorise excessivement les débarquements, a pour conséquence forcée de comprendre la fortification de Milazzo comme complément de celle de Messine, car l'ennemi débarqué en nombre à Milazzo pourrait intercepter complètement les communications de Messine avec le reste de l'île (2).

Les îles Lipari, situées au nord de la Sicile, n'ont aucun port praticable et sont sans importance militaire.

Sardaigne.

La nature des côtes de cette île, tantôt escarpées et tantôt marécageuses, s'oppose à toute espèce de débarquement ; la navigation est d'ailleurs très difficile dans ces parages. Par contre, l'île possède un certain nombre de ports, rades et mouillages excellents, qui favoriseraient ce genre d'entreprises et rendraient la défense d'autant plus difficile que le

---

(1) Syracuse, Agosta et Messine sont les ports les plus vastes et les plus sûrs de l'île ; ils sont défendus par d'anciens ouvrages, qui n'ont évidemment pas toute la valeur désirable actuellement. (*Note du trad.*)

(2) Pour assurer la défense de l'île, la commission parlementaire a proposé la création d'un réduit dans la partie nord-est de l'Etna, de manière à faciliter l'action de la place de Messine. (*Note du trad.*)

réseau des voies de communication laisse encore beaucoup
à désirer et que la construction de la voie ferrée Oristano-
Ozieri-Terranuova, qui permettrait de faire arriver rapidement le peu de forces disponibles, ne sera achevée que dans
un certain nombre d'années.

Pour ne pas diviser la défense, il est question de créer un
solide point d'appui fortifié pour les troupes territoriales, et
ce point serait Ozieri. D'un autre côté, on se propose aussi
de choisir sur la côte un point pouvant servir de base fortifiée, pour le cas où la flotte italienne voudrait livrer combat
à la flotte ennemie. On hésite à se prononcer à ce sujet
entre l'île Maddalena et le golfe degli Aranci sur la côte
nord-est.

_____

OBSERVATIONS FINALES.

La partie purement militaire de l'ouvrage se termine ici.
L'auteur consacre ensuite une vingtaine de pages encore à
des considérations politiques, dans le développement desquelles nous ne jugeons pas utile de le suivre dans le
Bulletin. Elles n'intéressent guère d'ailleurs que les Autrichiens et les Italiens, et ce que nous en avons reproduit au
début suffit largement pour en donner une idée. Nous aurions même tort d'insister, d'autant plus que ce n'est ni à la
nation italienne ni à son gouvernement que le colonel de
Haymerlé entend faire remonter la responsabilité de l'agitation créée par un petit groupe remuant que l'on désigne sous
le nom d'*Italia irredenta*. Ce qu'il a dit à cet égard au début
de son livre, il le répète encore à la dernière ligne : « Le
gouvernement et le peuple autrichiens ne désirent rien tant
que de vivre sur un pied amical avec l'Italie. Nous deman-
dons seulement la réciprocité ; nous désirons une amitié
qui soit à l'épreuve, et qui ne se borne pas à attendre une

occasion pour nous devenir hostile, qui surtout ne soit pas disposée à mettre comme condition à son concours des compensations territoriales. »

On sait d'ailleurs que le général Mezzacapo, ancien ministre de la guerre, a publié dans la revue *Nuova Antologia* un article intitulé : *Quid faciendum?* en réponse à l'étude du colonel von Haymerlé. L'article prétend que l'ouvrage politico-militaire de ce dernier est surtout politique, qu'il a été écrit pour les besoins de la cause du moment, sans apporter des preuves bien concluantes ni des faits sérieux à l'appui des tendances politiques qu'il prête à l'Italie.

C'est faire trop d'honneur à un petit nombre d'individus que de les considérer comme représentant l'opinion générale de l'Italie, dont la prudence et le bon sens dans le passé excluent l'idée de mesures aventureuses pouvant compromettre les résultats acquis. La question du principe des nationalités, niée par le colonel von Haymerlé, pourrait, d'après le général italien, être discutée d'une autre manière, et elle a bien une certaine valeur. Le général Mezzacapo constate que, dans les conditions actuelles de l'Europe, malgré les difficultés intérieures et financières avec lesquelles l'Italie est aux prises, celle-ci doit prendre des mesures promptes et efficaces pour assurer la défense du pays, afin de relever le prestige de la nation, que l'on ne pourrait ainsi accuser de chercher la guerre à l'extérieur. Evidemment, une grande nation ne peut pas affirmer et déclarer qu'elle suivra à tout prix une politique de paix, mais le général Mezzacapo croit qu'il faut qu'une nation soit forte, pour que personne ne puisse songer à entraver le développement de sa prospérité. C'est toujours la mise en pratique de la fameuse devise : *si vis pacem, para bellum*, et c'est là la conclusion de l'article.

Nous avons donc fait de notre mieux pour exposer consciencieusement et impartialement la cause, en en excluar ce qui pourrait la passionner où ce qui ne nous concerne pas. Pour terminer, nous tenons à compléter ce qui a été dit dans le cours de cet ouvrage au sujet des fortifications de Rome, en reproduisant textuellement un article de l'*Esercito italiano*, qui présente un tableau d'ensemble des divers travaux entrepris, et dont nous trouvons la traduction dans le n° 491 de la *Revue militaire de l'étranger* :

« C'est, comme on sait, à l'énergie du ministre Mezzacapo qu'est due la construction des ouvrages permanents de défense de la capitale.

« Ces travaux ont été commencés, pendant l'automne 1877, simultanément sur sept points où devaient s'élever autant d'ouvrages destinés à constituer de solides têtes de défense et à battre le terrain environnant, de manière à rendre difficile l'établissement de batteries de bombardement.

« Six de ces forts s'élèvent sur les hauteurs qui regardent l'enceinte Léonina-Urbana ; le septième est placé à proximité de la voie Appia-Antica.

« Ce dernier ouvrage est presque achevé et présente déjà, vu de l'extérieur, un aspect des plus respectables. Ce fort, dont les parapets sont très épais, contient, pour le logement de la garnison, des locaux à l'épreuve de la bombe, parfaitement disposés, bien ventilés et reliés entre eux par des chemins couverts. Il est entièrement construit en pierre excessivement dure, provenant des fossés mêmes qu'on a creusés. Sur ce point, en effet, le sol est, à une profondeur considérable, formé d'une couche de pierre volcanique, que les géologues disent provenir des anciens cratères qui aujourd'hui servent de lit aux lacs d'Albano, de Nemi, etc.

« Cet ouvrage pourra recevoir plus de vingt gros canons, dont le feu commandera tout le terrain situé en avant. Il battra aisément et sur une longue étendue, non seulement les voies Ardeatina, Appia-Nuova et Appia-Antica, mais encore le chemin de fer de Naples et la voie Tusculane.

« Ce fort, dont les travaux ont été exécutés avec grand soin par le génie militaire, est situé à 4 kilomètres des anciens murs de Rome, hors la porte San Sebastiano, et il est en ligne droite à presque huit kilomètres de la place Colonna.

« Sur la rive gauche du Tibre il n'y a pas, pour le moment, d'autres forts. Mais avant peu un nouvel ouvrage sera construit à moitié chemin du précédent et de l'abbaye des Trefontane. D'autres forts seront aussi élevés, plus à l'est et au nord, dans les divers secteurs compris entre les voies Tusculane, Casiline et Prénestine, Tiburtine, Nomentane et Salaria, de telle sorte que toutes les routes soient interceptées.

« Par contre, on peut dire que le système de défense est complet sur la rive droite du Tibre, où s'élèvent six forts placés sur les points les plus favorables pour battre avec la plus grande efficacité possible, eu égard à la nature du terrain, toutes les zones sur lesquelles pourraient se développer les attaques.

« De ce côté, la difficulté était très grande, et il faut avouer qu'il eût été difficile de construire ces forts dans des positions plus avantageuses, en tenant compte des circonstances locales.

« 1° En partant du sud, nous trouvons au sommet des collines qui serrent de près la rive du fleuve, sur la route Portuense, un fort qui peut battre une longue étendue du cours du fleuve ainsi que les hauteurs comprises entre ce fort et le ravin de la Magliana, bien qu'elles soient couvertes de villas et de cultures. Cet ouvrage n'est pas aussi considérable que celui situé près de la voie Appia-Antica, mais il constitue néanmoins une très puissante batterie. La construction en est presque achevée et pourrait être terminée en peu de temps. Il est à trois kilomètres de la porte Portese et à plus de cinq kilomètres de la place Colonna, par la route Tiradiavoli.

« 2° Au delà de la villa Panfili s'élève un fort qui commande la voie Aurelia-Antica, dont il porte le nom. Cet ouvrage a beaucoup d'analogie avec le fort situé sur le côté de la voie Appia-Antica, mais il est moins grand ; il sera probablement armé de quinze bouches à feu de gros calibre. La construction en est déjà très avancée, et l'on y travaille encore en ce moment d'une façon très active. Il est à 3 kilomètres de l'enceinte et à 5 de la place Colonna.

« 3° Entre ce fort et le précédent, il y en a un troisième situé sur le domaine de la ferme (casetta) Mattei et Trojani, entre les collines du Casaletto et le ravin de la Bravetta. Cet ouvrage commande admirablement non seulement tout le haut plateau sur lequel il s'élève, mais encore le domaine de Torretta-Massini et les hauteurs situées en face de lui, au delà du ravin de la Magliana. Toutefois les routes qui y conduisent ne sont pas bonnes et, à ce qu'il paraît, il faudra en construire une exprès pour le desservir. Ce fort, très vaste, sera probablement armé d'une vingtaine de bouches à feu de gros calibre ; il a plusieurs fronts et pourra, par suite, battre dans de bonnes conditions le terrain qui l'environne. Il est à 4 kilomètres de l'ensemble et à 6 de la place Colonna.

« 4° Au nord du fort de la voie Aurelia, sur le côté de la voie Boccea et au delà du point où le chemin de la Sapinière Sacchetti aboutit à cette voie, nous trouvons un ouvrage placé près de la route. C'est le plus petit des forts déjà mentionnés, mais par sa position il commande très bien le terrain environnant ; il est, par conséquent, suffisamment respectable. Il est presque achevé et aura sans doute le même armement que le fort situé près de la voie Portuense. Il se trouve à courte distance du promontoire formé par les jardins du Va-

tican; mais en ligne droite, il est à plus de 5 kilomètres de
la place Colonna.

« 5°. Sur le côté du chemin de la Sapinière Sacchetti, à
peu de distance de la ferme (casale) Braschi, s'élève un fort
dont les travaux, confiés à l'*Impressa Veneta*, sont en ce
moment poussés très activement. Les dimensions de cet ouvrage sont à peu près les mêmes que celles du fort situé sur
la voie Boccea, dont il n'est éloigné que d'un kilomètre et
demi. Il est, comme le précédent, à peu de distance du promontoire formé par les jardins du Vatican, mais il est à plus
de 5 kilomètres de la place Colonna. Destiné à battre la
vaste étendue de terrain comprise entre les voies Boccea et
Trionfale, il paraît heureusement placé à cet effet.

« 6° Enfin, sur les hauteurs de Monte-Mario, à l'est de la
voie Trionfale et à courte distance de la villa Mellini, se
trouve le fort de Monte-Mario.

« Cet ouvrage, très considérable, doit être armé du même
nombre de bouches à feu que le fort situé sur le côté de la
voie Appia-Antica. Il commande tout le terrain à grandes
distances, et en particulier la vallée du Tibre et les monts
Parioli, qui longent le fleuve sur la rive gauche.

« On n'y travaille pas en ce moment; mais, à ce qu'il semble, les travaux de maçonnerie sont terminés; on aperçoit
même de la position de Saint-Onofrio les traverses destinées
à protéger les pièces, qui seront au nombre d'une vingtaine.

« Ce fort est à 3 kilomètres environ de la porte Angelica
par la voie Trionfale, et à moins de 4 kilomètres, en ligne
droite, de la place Colonna.

« Tous les forts construits autour de Rome ont à peu près
le même caractère : ils se composent de plusieurs fronts recti-
lignes et d'une gorge qui, en général, ne doit pas être armée
d'artillerie; ils ont un grand nombre d'abris à l'épreuve de

la bombe, et le service des bouches à feu peut s'y faire entièrement à couvert.

« Ce qui manque encore et ce qui devrait être promptement fait, ce sont les chemins de communication entre les différents forts. Ainsi, du fort de Casale-Braschi au fort de Monte-Mario, il n'y a pas d'autre route que celle qui passe par Saint-Onofrio; cette route est extérieure, et sa longueur est au bas mot de 6 kilomètres, tandis que la distance en ligne droite entre les deux forts ne dépasse certainement pas 3 kilomètres.

« On peut en dire autant pour tous les autres forts. »

Enfin, il nous reste à mentionner quelques dispositions militaires prises récemment par l'Autriche et l'Italie sur leur frontière commune et que nous enregistrons sans commentaires.

L'Autriche a envoyé à Trente une compagnie du génie pour être employée aux travaux de fortification de cette place. On sait, en outre, qu'on travaille activement à l'achèvement du système défensif de la frontière du Tyrol. Tous les forts du Trentin seraient approvisionnés et mis en état de guerre. Des mouvements de troupes considérables auraient eu lieu dans cette région et auraient presque doublé les forces militaires qui s'y trouvent. Ces dispositions ont d'ailleurs été expliquées d'une manière amicale à l'Italie.

L'Italie de son côté n'est pas restée inactive et son attention a toujours été dirigée vers la frontière du Trentin. Les compagnies alpines ont été en partie créées et augmentées dans ce but. Nous avons déjà dit qu'on établit des fortifications dans la limite des ressources. Pourtant, d'après la *Sentinelle de Brescia*, la direction du génie de Vérone aurait reçu l'ordre de construire rapidement un petit fort à Melcesine (sur la rive nord-est du lac de Garde, non loin de Cassonedi, première localité autrichienne). Ce fort serait armé

de pièces à longue portée et destiné à protéger les transports
de troupes se dirigeant vers le nord, ainsi qu'à barrer la
route à un ennemi qui viendrait de Riva. On pourrait alors
supprimer la flottille du lac de Garde.

Enfin pour ne laisser subsister aucune ambiguïté sur la
part qui peut nous revenir dans ce travail, nous tenons à
constater que, pour certaines parties, nous nous sommes
servi de la traduction qui en avait été publiée dans la *Revue
militaire de l'Etranger,* n'ayant pas la prétention de faire
mieux.

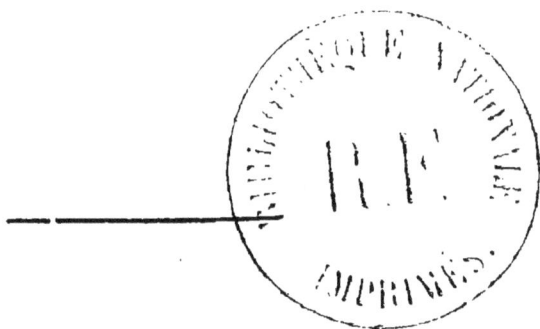

TABLEAU No 1
Situation de la flotte italienne en 1878.

Les navires marqués d'un astérisque ont dû être classés en 1879, comme hors de service.

ESPÈCE des navires	NOMS DES NAVIRES	ARMEMENT lourd	ARMEMENT léger	ÉPAISSEUR minima et maxima de la cuirasse en centimètres	ÉQUIPAGE y compris l'état-major	FORCE nominale de la machine en chevaux	DÉPLACEMENT en tonnes
			VAISSEAUX DE GUERRE 1re CLASSE.				
	Prince Amédée.........	1 28 cm 6 25 cm	4 7 cm 5 4 8 cm 4 mitrailleuses	$\frac{22}{14}$	481	900	5.780
	Palestro	1 28 cm 6 25 cm	4 7 cm 5 4 8 cm 4 mitrailleuses	$\frac{22}{14}$	481	900	5.780
	Venise...............	8 25 cm 1 22 cm	4 7 cm 5 4 8 cm 4 mitrailleuses	$\frac{15}{13}$	481	900	5.700
	Rome *..............	11 25 cm	4 7 cm 5 4 8 cm 4 mitrailleuses	$\frac{11}{10}$	541	900	5.700
Frégates cuirassées	Ancóne..............	2 22 cm 9 20 cm	4 7 cm 5 4 8 cm 4 mitrailleuses	$\frac{12}{11}$	4	700	4.250
	Maria Pia..........	2 22 cm 9 20 cm	4 7 cm 5 4 8 cm 4 mitrail leuses	$\frac{12}{11}$	446	700	4.250
	Castelfidardo.........	2 22 cm 9 20 cm	4 7 cm 5 4 8 cm 4 mitrailleuses	$\frac{12}{11}$	446	700	4.250
	San Martino	2 22 cm 9 20 cm	4 7 cm 5 4 8 cm 4 mitraille uses	$\frac{12}{11}$	446	700	4.250
	Conte Verde *.........	6 22 cm 1 20 cm	4 7 cm 5 4 8 cm 4 mitrailleuses	11	407	600	3.930
Navire à tourelles et à éperon.	Affondatore	2 22 cm	4 7 cm 5 4 8 cm 3 mitrailleuses	$\frac{18}{13}$	219	700	4.070
			VAISSEAUX DE GUERRE DE 2e CLASSE.				
Cuirassés — Corvettes	Terribile..............	8 20 cm	4 7 cm 5 2 8 cm 3 mitrailleuses	$\frac{12}{10}$	294	400	2.700
	Formidabile..........	8 20 cm	4 7 cm 5 2 8 cm 3 mitrailleuses	$\frac{12}{10}$	294	400	2.700
Chaloupe canonnière.	Varese...............	4 20 cm 1 16 cm	4 7 cm 5 2 8 cm 3 mitrailleuses	$\frac{14}{12}$	221	300	2.000
Navires à hélice — Frégates	Maria Adelaïde *.......	1 25 cm 1 22 cm 2 20 cm 8 16 cm 2 12 cm	4 7 cm 5 4 8 cm 2 mitrailleuses	»	599	600	3.460
	Vittorio Emanuele *.....	2 20 cm 29 16 cm	2 7 cm 5 4 8 cm 2 mitrailleuses	»	351	500	3.420
	Garibaldi *...........	8 16 cm	4 7 cm 5 2 8 cm 2 mitrailleuses	»	324	450	3.440
Corvettes	Vittor Pisani..........	14 12 cm	1 7 cm 5 1 8 cm 2 mitrailleuses	»	207	300	1.580
	Caracciolo	6 16 cm	1 7 cm 5 1 8 cm 2 mitrailleuses	»	274	300	1.580
Croiseur	Christoforo Colombo	5 12 cm	2 mitrailleuses	»	198	500	2.290
à aubes	Governolo *...........	8 16 cm	1 8 cm	»	181	450	1.700

Voir la suite au verso.

ESPÈCE des navires	NOMS DES NAVIRES	ARMEMENT		ÉPAISSEUR minima et maxima de la cuirasse en centimètres	ÉQUIPAGE y compris l'état-major	FORCE nominale de la machine en chevaux	DÉPLACEMENT en tonnes
		lourd	léger				
VAISSEAUX DE GUERRE DE 3e CLASSE.							
Avisos — à hélices	Stafetta	»	3 7 cm 5 2 mitrailleuses	»	91	300	1.510
	Rapido...............	»	5 7 cm 5 2 mitrailleuses	»	91	320	1.450
	Vedetta..............	»	4 7 cm 5 2 mitrailleuses	»	87	200	790
à aubes	Messagere *............	»	4 7 cm 5 2 mitrailleuses	»	108	350	1.080
	Esploratore *..........	»	4 7 cm 5 2 mitrailleuses	»	108	350	1.080
Torpilleur	Pietro Micca.......	»	1 mitrailleuse	»	75	230	520
Chaloupes canonnières à hélice	Scilla,..............	1 16 cm 3 12 cm	2 mitrailleuses	»	126	160	1.050
	Cariddi..............	1 16 cm 3 12 cm	2 mitrailleuses	»	126	160	1.050
	Guardiano...........	1 22 cm	1 mitrailleuse	»	51	60	265
	Sentinella............	1 22 cm	1 mitrailleuse	»	53	60	265
	Cosenza *..........	4 12 cm	»	»	65	60	262
	Ardita *.............	4 12 cm	»	»	65	40	274
	Veloce *.............	4 12 cm	»	»	65	40	274
Corvettes à aubes	Ettore Fieramosca *.....	2 16 cm 4 12 cm	1 7 cm 5 1 8 cm	»	137	300	1.400
	Guiscardo *...........	2 16 cm 4 12 cm	1 7 cm 5 1 8 cm	»	137	300	1.400
	Archimede *...........	2 16 cm 4 12 cm	1 7 cm 5 1 8 cm	»	137	300	1.300
NAVIRES DE TRANSPORT DE 1re CLASSE.							
Vapeurs à hélice — pour le transport de la cavalerie	Città di Genova........	4 12 cm	2 8 cm	»	284	500	3.730
	Città di Napoli *........	8 12 cm	2 8 cm	»	612	500	3.730
NAVIRES DE TRANSPORT DE 2e CLASSE							
pour le transport de l'infanterie et du matériel	Europa..............	»	2 8 cm	»	83	220	2.300
	Conte Cavour *........	2 12 cm	»	»	111	300	1.870
	Washington	»	2 8 cm	»	83	250	1.400
	Dora *..............	»	2 8 cm	»	83	220	1.100
NAVIRES DE TRANSPORT DE 3e CLASSE.							
Vapeurs à aubes	Authion *.............	»	2 7 cm 5	»	58	130	500
	Garigliano *..........	»	4 8 cm	»	58	120	330
	Sirena *.............	»	2 7 cm 5	»	58	120	350
	Sesia *.............	»	2 8 cm	»	58	120	330
Vapeurs à hélice	Cisterna n° 1 *........	»	»	»	34	60	260
	Verde	»	»	»	34	70	375
	Pagano	»	»	»	34	70	375
	Calatafimi	»	2 8 cm	»	34	80	270

ESPÈCE des navires	NOMS DES NAVIRES	ARMEMENT		ÉPAISSEUR mi-lima et maxima de la cuirasse en centimètres	ÉQUIPAGE y compris l'état-major	FORCE nominale de la machine en chevaux	DÉPLACEMENT en tonnes
		lourd	léger				
	NAVIRES LOCAUX						
Vapeurs à hélice	Mestre..	»	2 7 cm 5	»	42	90	137
	Murano	»	2 7 cm 5	»	42	90	137
	Gorgona	»	2 8 cm	»	34	50	190
	Ischia *	»	2 8 cm	»	34	50	190
	Marittimo *	»	2 8 cm	»	34	50	190
	Tino *	»	2 8 cm	»	34	50	190
	Tremiti *	»	2 8 cm	»	34	50	190
	Laguna	»	2 8 cm	»	34	40	130
Vapeurs à aubes	San Paolo	»	»	»	34	20	84
	Luni *	»	»	»	34	40	150
	Rondine	»	»	»	34	60	158
	Baleno	»	2 8 cm	»	34	70	196

TABLEAU Nº 2

Etat de la flotte cuirassée italienne en 1888 (1)

NOMS DES NAVIRES	DÉPLACEMENT en tonnes métriques	ÉPAISSEUR maxima et minima des cuirassés en centimètres	ARMEMENT	FORCE nominale de la machine en chevaux	VITESSE par heure en milles marins	ÉQUIPAGE	OBSERVATIONS
			NAVIRES DE GUERRE DE 1re CLASSE				
N. N.	13.700	?		1.200	?	500	Navire à tourelle avec parapet
N. N.	13.700	?		1.200	?	500	id.
N. N.	9.000	?		1.000	?	400	id.
N. N.	9.000	?		1.000	?	400	id.
Italia*	13.700	?		1.200	?	500	id.
Lepanto	?	?		1.200	?	500	id.
Dandolo	10.570	55-35		1.000	?	400	Prêt à prendre la mer en 1881
Duilio	10.570	55-35		1.000	?	400	Prêt à prendre la mer en 1879
Principe Amedeo	5.780	22-14	Voir le tableau nº 1	900	13	481	Réduits à l'avant et à l'arr.ère
Palestro	5.780	22-14		900	13	481	id.
Venezia	5.700	15-13		900	13	481	Réduit central
Maria Pia	4.250	12-11		700	12.5	446	Batterie blindée
San Martino	4.250	12-11		700	12.5	446	id.
Ancona	4.250	12-11		700	12.3	446	id.
Castelfidardo	4.250	12-11		700	12.3	446	id.
Affondatore	4.070	18-13		700	13	219	Navire à tourelle
			NAVIRES DE GUERRE DE 2e CLASSE				
Terribile	2.700	12-10	Voir le tableau nº 1	400	12	294	Batterie blindée
Formidabile	2.700	12-10		400	12	294	id.
Varese	2.000	14-12		300	10	221	Réduit central

(1) Les données concernant les quatre premiers navires (NN), dont on a admis en principe la construction, mais sur le type desquels on n'est pas encore fixé, ne peuvent être indiquées qu'approximativement. Toutefois, si l'on parvient à être sûr que le système de colosses cuirassés ne peut être endommagé par les torpilles, ces navires ne seront pas inférieurs au *Duilio*; au contraire, on se propose d'arriver à des dimensions encore plus grandes.

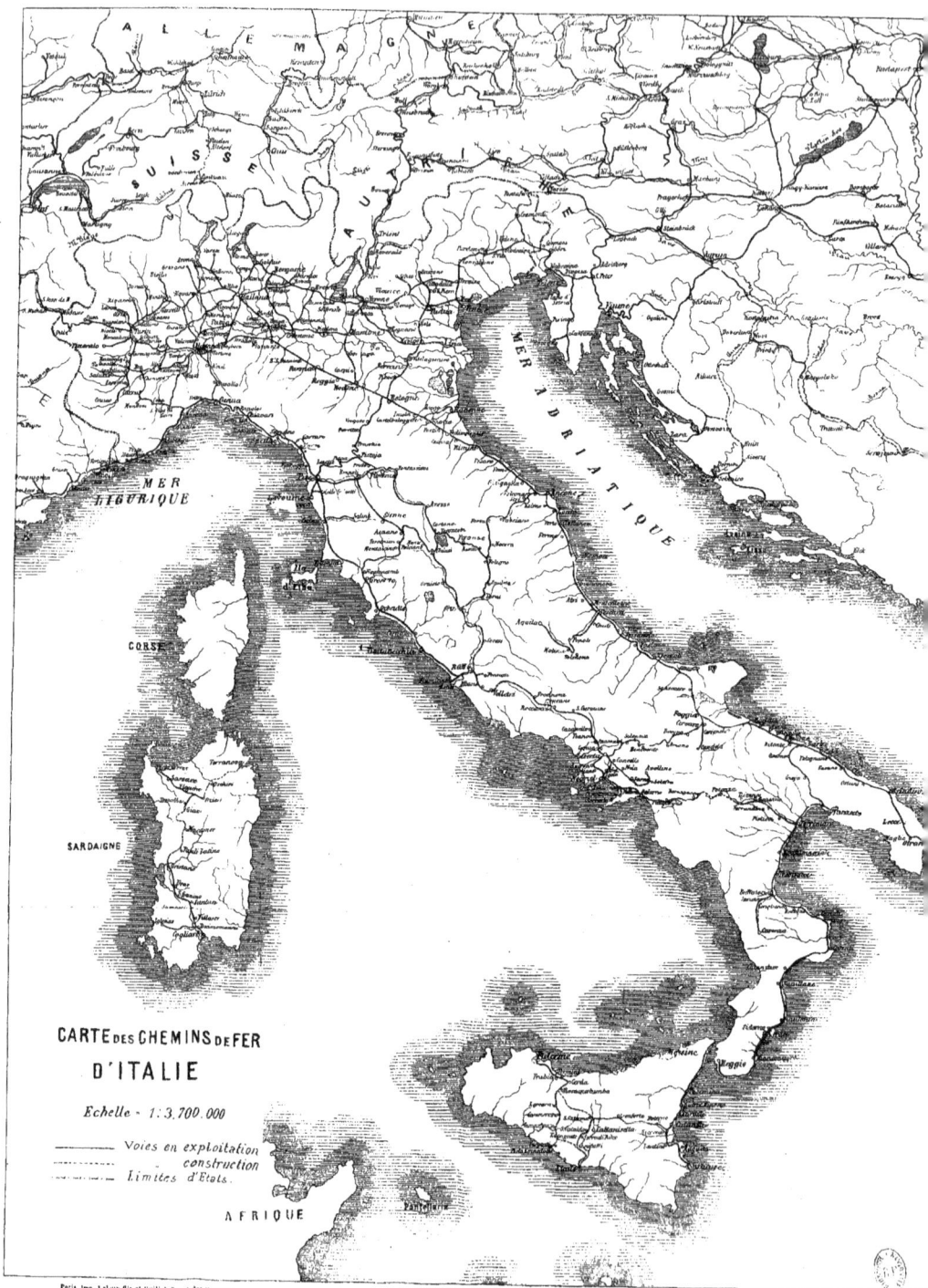

CARTE DES CHEMINS DE FER
D'ITALIE

Echelle - 1:3.700.000

———— Voies en exploitation
------- construction
—·—·— Limites d'États.

MER LIGURIQUE

MER ADRIATIQUE

ALLEMAGNE

SUISSE

AUTRICHE

CORSE

SARDAIGNE

AFRIQUE

Pantelleria

Paris. Imp. Leloux fils et Guillot, 7, rue des Canettes.

www.ingramcontent.com/pod-product-compliance
Lightning Source LLC
Chambersburg PA
CBHW072058080426
42733CB00010B/2154